Contents / Table des matières

Unit 1
Bienvenue!

1.1	Juliette arrive à Dieppe	4
1.2	Tu habites où?	5
1.3	Un, deux, trois … partez!	6
1.4	Tu as quel âge?	7
1.5	Un chien et deux chats	8
	Grammaire	9
	Méli-mélo	10
	Vocabulaire	11
	Podium *checklist*	12
	Pour écrire	13

Unit 2
Ma famille

2.1	Frères et sœurs	14
2.2	C'est qui?	15
2.3	Les secrets de la personnalité	16
2.4	Tu es comment?	17
2.5	Les descriptions	18
	Grammaire	19
	Méli-mélo	20
	Vocabulaire	21
	Podium *checklist*	22
	Pour écrire	23

Unit 3
Au collège

3.1	Les affaires d'école	24
3.2	J'aime le français	25
3.3	Il est quelle heure?	26
3.4	Mon emploi du temps	27
3.5	Les verbes au présent	28
	Grammaire	29
	Méli-mélo	30
	Vocabulaire	31
	Podium *checklist*	32
	Pour écrire	33

Unit 4
Les passe-temps

4.1	J'aime le sport!	34
4.2	Qu'est-ce que tu aimes faire?	35
4.3	Je vais en ville	36
4.4	C'est le week-end!	37
4.5	Le week-end dernier	38
	Grammaire	39
	Méli-mélo	40
	Vocabulaire	41
	Podium *checklist*	42
	Pour écrire	43

Unit 5
Bon appétit!

5.1	J'ai soif!	44
5.2	Quelque chose à manger	45
5.3	Au café	46
5.4	Les repas	47
5.5	Ça coûte combien?	48
	Grammaire	49
	Méli-mélo	50
	Vocabulaire	51
	Podium *checklist*	52
	Pour écrire	53

Unit 6
Chez moi

6.1	Quel temps il fait chez toi?	54
6.2	J'habite ici	55
6.3	J'habite en ville	56
6.4	Visite au château	57
6.5	Ma chambre	58
	Grammaire	59
	Méli-mélo	60
	Vocabulaire	61
	Podium *checklist*	62
	Pour écrire	63

1.1 Juliette arrive à Dieppe — Bienvenue!

1 C'est a ou b?
Tick a or b.

Exemple   Salut!   a *Hi!* ✔
                    b *How are you?*

1 Bonjour!   a *Hello!*
                    b *Goodbye!*

2 Au revoir.   a *Good morning.*
                    b *Goodbye.*

3 Je m'appelle Anne. a *Hello, Anne.*
                     b *My name is Anne.*

4 Tu t'appelles comment? a *What's your name?*
                          b *How are you?*

2 Recopie les phrases.
Copy sentences 1–4 from activity 1 into the blank speech bubbles.

* le Père Noël *Father Christmas*

équipe nouvelle 1

Encore Cahier d'activités

Danièle Bourdais
Sue Finnie

Nom: ....
Classe: ....
Professeur: ....

OXFORD
UNIVERSITY PRESS

Great Clarendon Street, Oxford OX2 6DP

Oxford University Press is a department of the University of Oxford.
It furthers the University's objective of excellence in research,
scholarship, and education by publishing worldwide in

Oxford   New York

Auckland   Cape Town   Dar es Salaam   Hong Kong   Karachi
Kuala Lumpur   Madrid   Melbourne   Mexico City   Nairobi
New Delhi   Shanghai   Taipei   Toronto

With offices in

Argentina   Austria   Brazil   Chile   Czech Republic   France   Greece
Guatemala   Hungary   Italy   Japan   Poland   Portugal   Singapore
South Korea   Switzerland   Thailand   Turkey   Ukraine   Vietnam

Oxford is a registered trade mark of Oxford University Press
in the UK and in certain other countries

© Danièle Bourdais and Sue Finnie

The moral rights of the authors have been asserted

Database right Oxford University Press (maker)

First published 2004

All rights reserved. No part of this publication may be reproduced,
stored in a retrieval system, or transmitted, in any form or by any means,
without the prior permission in writing of Oxford University Press,
or as expressly permitted by law, or under terms agreed with the appropriate
reprographics rights organization. Enquiries concerning reproduction
outside the scope of the above should be sent to the Rights Department,
Oxford University Press, at the address above

You must not circulate this book in any other binding or cover
and you must impose this same condition on any acquirer

British Library Cataloguing in Publication Data

Data available

ISBN: 978-0-19-912451-0

30

Typeset in Great Britain by Michael Spencer, Leeds

Printed in China by Shanghai Offset Printing Products Ltd

Acknowledgements

The authors would like to thank the following people for their help and advice:
Rachel Sauvain (project manager), Michael Spencer (editor of the *Encore*
Workbook) and Marie-Thérèse Bougard (language consultant).

Illustrations by Martin Aston, Matt Buckley, Stefan Chabluk, Matt Fenn,
Angela Lumley, David Mostyn, Bill Piggins.

Cover photo by Martin Sookias.

1.2 Tu habites où?

Bienvenue!

1 Écris les bulles.
Follow the lines and write where each person lives in the bubbles.

Luc: *J'habite à Paris.*

Map locations: Lille, Paris, Rennes, Strasbourg, Marseille

Characters: Thomas, Luc, Julie, Sébastien, Alice

2a Relie les questions et les réponses.
Match the questions and answers by writing the letters in the correct boxes.

1. Bonjour! Ça va? □   a Je m'appelle Étienne.
2. Tu t'appelles comment? □   b Au revoir!
3. Tu habites où? □   c Bonjour! Ça va!
4. Moi aussi! Salut! □   d J'habite à Paris.

2b Recopie la conversation dans le bon ordre à la page 13.
Copy out the dialogue in the correct order on page 13.

1.3 Un, deux, trois ... partez! — Bienvenue!

1 Complète.
Write the numbers in the grid.

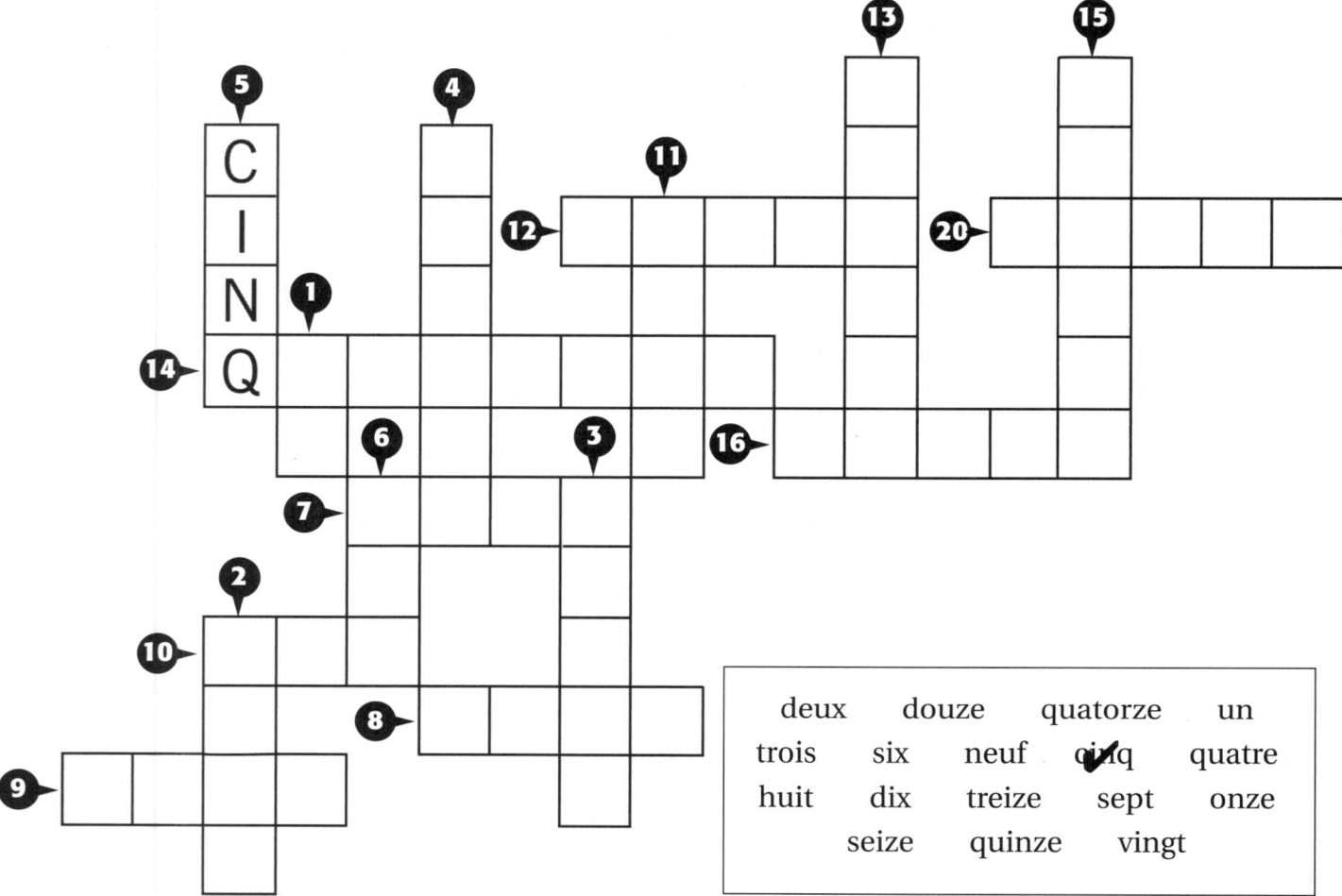

deux   douze   quatorze   un
trois   six   neuf   cinq ✓   quatre
huit   dix   treize   sept   onze
seize   quinze   vingt

2 Complète.
Do the sums.
Exemple trois + sept = dix

a deux + quatre = _____   d cinq + sept = _____

b un + douze = _____   e onze + neuf = _____

c trois + treize = _____   f dix + cinq = _____

1.4 Tu as quel âge? — Bienvenue!

1 **Trouve les douze mois de l'année.**
Find the twelve months of the year.

(janvier) février mars avril mai juin juillet août septembre octobre novembre décembre

2 **Complète.**
Write in the missing month.
Exemple septembre, *octobre*, novembre

a  **janvier**   **mars**   b  **avril** 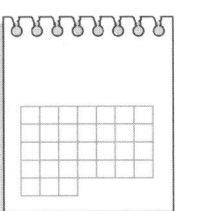  **juin**

c  **juillet**  **août**    d  **mai** 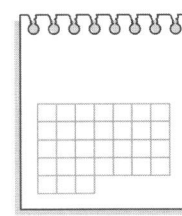  **juillet**

3 **Relie.**
Draw an arrow to show the end of each sentence.

a Tu as quel — 1 douze ans.
b J'ai 2 anniversaire!
c C'est quand, → 3 âge?
d Mon anniversaire, c'est 4 ton anniversaire?
e Bon 5 le deux novembre.

4 **Vrai (✔) ou faux (✘)?**
True (✔) or false (✘)?

a The boy's name is Marc. ☐
b He is twelve years old. ☐
c His birthday is on 30th July. ☐

Je m'appelle Marc. J'ai treize ans. Mon anniversaire, c'est le vingt juillet.

1.5 Un chien et deux chats — Bienvenue!

1 Écris.
Write in the captions.

> trois poissons rouges
> un chien
> un chat
> une souris
> un lapin
> deux chats

a

b

c

_____   _____   _____

d

e

f

_____   _____   _____

2 Lis la lettre. C'est qui?
Read the letter. Who wrote it?

> J'ai deux chats, Minou et Tango, j'ai un lapin, Carotte, et j'ai un cochon d'Inde, Brosse.

Isabelle ☐   Nicolas ☐   Claire ☐

3 Écris.
Write similar sentences for the other two.

_____
_____
_____

4 Et toi? Tu as un animal chez toi?
Do you have a pet?
Write a sentence or two on page 13.

8 huit

1 Grammaire — Bienvenue!

Flashback

J'ai **un** chat. = *I've got a cat.* J'ai **une** souris. = *I've got a mouse.*
un = *masculine words* **une** = *feminine words*

1a Souligne les mots masculins.
Underline all the masculine words in the box.

un chat	un chien	une girafe	un crocodile
une souris	une perruche	un éléphant	une personne
un serpent	un cheval		un scorpion

1b Entoure les mots féminins.
Now draw a circle round the feminine words.

1c Écris les noms.
*Label pictures a–h with the words from the box. Be sure to include **un** or **une** before each word.*
Exemple

d _____

un chat

e _____

a _____

f _____

b _____

g _____

c _____

h _____

1 Méli-mélo — Bienvenue!

1 Complète les phrases avec les mots du sac.
Fill in the sentences with the words from the bag.

1 C'est mon anniversaire, j'ai dix _____ !

2 J'ai un _____ .

3 Moi, j'ai _____ tortue.

4 Mon anniversaire, c'est le quatre _____ .

5 J'habite onze _____ .

6 J'ai trois _____ .

hamsters
lapin
mars
rue Daru
une
ans

2 Réponds aux questions pour Alice.
Answer the questions for Alice using the clues and the words in the box.

Une interview avec Alice au Pays des Merveilles

1 Tu t'appelles comment?

_____ Alice.

2 Tu as un animal?

_____ un chat.

3 Tu habites où?

_____ Oxford.

4 Tu as quel âge?

_____ sept ans et demi.

5 C'est quand, ton anniversaire?

_____ 4 mai.

J'habite à
C'est le
Oui, j'ai
J'ai
Je m'appelle

1 Vocabulaire — Bienvenue!

Les présentations — *Introductions*
Salut! — *Hi!*
Bonjour — *Hello*
Au revoir — *Goodbye*
À bientôt — *See you soon*

Monsieur — *Sir (Mr)*
Madame — *Madam (Mrs)*
Mademoiselle — *Miss*

Ça va? — *How are you?*
Ça va. — *I'm fine.*
Et toi? — *What about you?*
Moi aussi. — *Me too.*

Tu t'appelles comment? — *What's your name?*
Je m'appelle … — *My name is …*
Moi, c'est … — *I am …*

Tu habites où? — *Where do you live?*
J'habite à … — *I live in (town)*

Les animaux — *Animals*
Tu as un animal (chez toi)? — *Have you got any pets (at home)?*
Non, je n'ai pas d'animal. — *No, I haven't got any pets.*
Oui, j'ai … — *Yes, I've got …*
  un chat — *a cat*
  un cheval — *a horse*
  un chien — *a dog*
  un cochon d'Inde — *a guinea pig*
  un hamster — *a hamster*
  un lapin — *a rabbit*
  une perruche — *a budgie*
  un poisson (rouge) — *a (gold)fish*
  un serpent — *a snake*
  une souris — *a mouse*
  une tortue — *a tortoise*

Les anniversaires — *Birthdays*
Tu as quel âge? — *How old are you?*
J'ai douze ans. — *I'm twelve.*

C'est quand, ton anniversaire? — *When's your birthday?*
(Mon anniversaire,) c'est … — *My birthday's on …*
  le premier — *the first*
  le deux/trois/quatre … — *the second/third/fourth …*

janvier — *January*
février — *February*
mars — *March*
avril — *April*
mai — *May*
juin — *June*
juillet — *July*
août — *August*
septembre — *September*
octobre — *October*
novembre — *November*
décembre — *December*

Bon anniversaire! — *Happy birthday!*

le printemps — *spring*
l'été — *summer*
l'automne — *autumn*
l'hiver — *winter*

1 Podium *checklist*   Bienvenue!

This is a checklist of the things you should aim to learn in French using Équipe nouvelle 1.
Use the **Check** *boxes and the* **Prove it!** *column to keep track of what you have learned.*
- *Tick the first box when you feel you are getting to grips with the learning objective but sometimes need a prompt or time to think.*
- *Tick the second box when you think you have fully mastered the learning objective and will be able to use it again in future.*
- *Make notes following the prompts in the* **Prove it!** *column to help you show what you have learned. Your learning partner or parent can test you and initial the second box to confirm the progress you have made.*

Learning objectives	Check	Prove it!
I can say 'Hello', 'Goodbye' and 'How are you?'.	☐ ☐	*Get partner to test you.*
I can introduce myself.	☐ ☐	*Get partner to test you.*
I can ask someone their name.	☐ ☐	*Get partner to test you.*
I can recite the French alphabet.	☐ ☐	*Get partner to test you.*
I can spell in French.	☐ ☐	*Spell out three words to your partner.*
I can find six places on a map of France.	☐ ☐	*Show your partner where to look.*
I can name six cities in France.	☐ ☐	*Write them down.*
I can say where I live.	☐ ☐	*Get partner to test you.*
I can ask someone where they live.	☐ ☐	*Get partner to test you.*
I can count to 31.	☐ ☐	*Get partner to test you.*
I can say and write the names of the months.	☐ ☐	*Write them down without looking at your book.*
I can say and write the names of seasons.	☐ ☐	*Write them down without looking at your book.*
I can give my age.	☐ ☐	*Get partner to test you.*
I can ask someone their age.	☐ ☐	*Get partner to test you.*
I can say when my birthday is.	☐ ☐	*Get partner to test you.*
I can ask when someone's birthday is.	☐ ☐	*Get partner to test you.*
I can say whether I have pets.	☐ ☐	*Get partner to test you.*
I can ask someone whether they have any pets.	☐ ☐	*Get partner to test you.*
I can say and write the names of eight pets.	☐ ☐	*Write them down and say aloud to a partner.*
I can read aloud words using my knowledge of vowel sounds.	☐ ☐	*Read aloud:* pas, peu, pie, pot, pu, pou.
I know the gender of some common nouns.	☐ ☐	*Without looking at your book, write un/une for:* chien, tortue, souris, cheval.
I can form plurals in French.	☐ ☐	*Without looking at your book, write the plural for:* chien, perruche, cheval, souris.
I can form simple questions.	☐ ☐	*Without looking at your book, write questions using:* où, comment, quand, quel, quoi, qui.
I can read and understand a simple text, using language, layout and context to help me.	☐ ☐	*Read a text from pages 116–117 of the Students' Book and write a few facts in English about it.*
I can use different techniques to memorize words and sounds.	☐ ☐	*Explain them to a partner.*
I know it's important to learn the gender of a noun at the same time as spelling and pronunciation.	☐ ☐	*Explain why to a partner.*
I can take part in a conversation of up to six exchanges.	☐ ☐	*Practise with a partner.*

1 Pour écrire

Bienvenue!

2.1 Frères et sœurs — Ma famille

1 **Choisis i ou ii.**
Tick the right caption (i or ii) for each picture.

a

i   J'ai un frère et une sœur. ☐
ii J'ai deux frères. ☐

c

i   J'ai une sœur et un chat. ☐
ii J'ai un frère et un chien. ☐

b

i   J'ai deux sœurs et un frère. ☐
ii J'ai deux frères et une sœur. ☐

d

i   Je n'ai pas de frères et sœurs. ☐
ii J'ai cinq frères. ☐

2 **Lis la lettre. C'est qui?**
Read the letter. Who wrote it?

> J'ai deux frères – Daniel et Martin. Je n'ai pas de sœurs. J'ai un lapin.

 Julie ☐    Luc ☐   Alice ☐

3 **Écris.**
Write similar sentences for the other two.

_____
_____
_____
_____

4 **Et toi? Tu as des frères et sœurs? Tu as un animal chez toi?**
Do you have any brothers or sisters? Do you have a pet?
Write two or three sentences on page 23.

14 *quatorze*

2.2 C'est qui? — Ma famille

1 **C'est a ou b?**
What is Félix saying? Choose a or b.

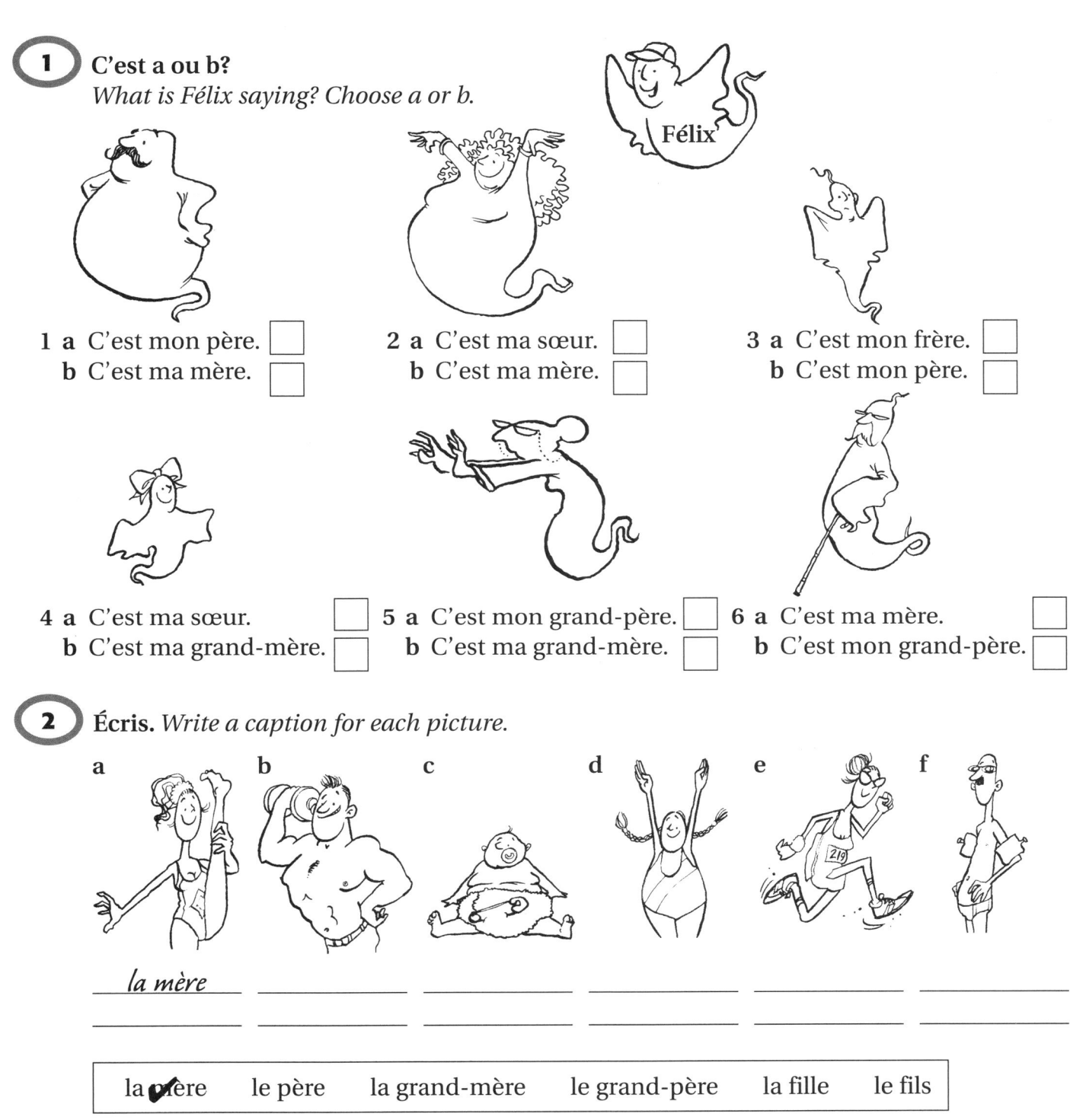

1 a C'est mon père. ☐
   b C'est ma mère. ☐

2 a C'est ma sœur. ☐
   b C'est ma mère. ☐

3 a C'est mon frère. ☐
   b C'est mon père. ☐

4 a C'est ma sœur. ☐
   b C'est ma grand-mère. ☐

5 a C'est mon grand-père. ☐
   b C'est ma grand-mère. ☐

6 a C'est ma mère. ☐
   b C'est mon grand-père. ☐

2 **Écris.** *Write a caption for each picture.*

a *la mère*
b _____
c _____
d _____
e _____
f _____

| la mère ✓ | le père | la grand-mère | le grand-père | la fille | le fils |

3a Et toi? Dessine ta famille à la page 23.
Draw and label a picture of your family on page 23.

3b Invente une famille à la page 23: la famille Footballeur ou la famille Robot, par exemple.
*Invent a family and draw and label it on page 23. Try the **'famille Footballeur'** or the **'famille Robot'** or make up a name of your own.*

2.3 Les secrets de la personnalité — Ma famille

1 Complète.
Write in the missing vowels (a, e, i, o, u) to complete the words.

```
    S Y M P A
_ N T _ L L I G _ N T
C _ _ R A G E _ X
    M _ R R _ N T
    S _ R R _ _ _ X
    P _ T _ E N T
```

```
    S Y M P A
        G _ N _ R _ _ S _
    M _ R R _ N T _
T R _ V _ L L E _ S _
    P _ T _ _ N T _
_ N T _ L L _ G _ N T _
        S _ R E _ S _
```

2 Décris Pierre et Annette.
Use the adjectives above to write descriptions of Pierre and Annette.

Pierre est ____sympa____.   Annette est _____.

Il est _____.   Elle est _____ et _____.

Il _____.   Elle _____.

_____.   _____.

_____.   _____.

_____.   _____.

3 Et toi? Écris des adjectifs à la page 23.
Write your name with an adjective for each letter on page 23.
Exemple

```
T R A V A I L L E U R
C O U R A G E U X
M A R R A N T
```

16 *seize*

2.4 Tu es comment? — Ma famille

1 **Regarde Marion. Corrige la description.**
Look at Marion. Cross out the wrong words in the description.
Exemple Elle est grande / ~~petite~~ .

Marion

a Elle est mince / grosse .

b Elle est blonde / brune .

c Elle a les cheveux courts / longs .

d Elle a les cheveux frisés / raides .

2 **Lis les descriptions et écris les noms.**
These teenagers are applying for a job as extras in a film. Their photos have become separated from the descriptions. Match them up and write in the right name under each photo.

a    b 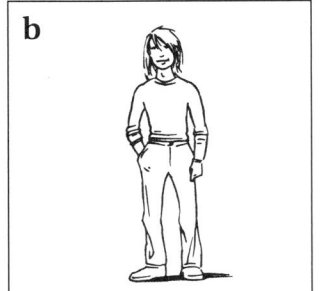   c    d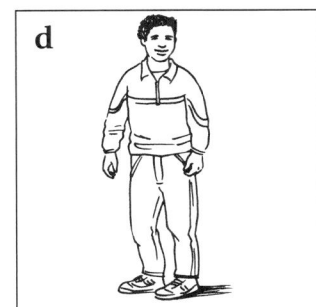

Patrick est très grand et assez gros. Il est assez timide. Il est brun et il a les cheveux courts.

Zoé est assez grande et assez grosse. Elle est brune et elle a les cheveux frisés.

Murielle est assez petite et assez mince. Elle est blonde et elle a les cheveux très courts.

Christophe est petit. Il est mince. Il est roux et il a les cheveux assez longs et raides.

3 **Décris Max à la page 23.**
Write a description of Max on page 23.
Exemple Max est petit et assez …
Il est …
Il a les cheveux …
etc.

dix-sept 17

2.5 Les descriptions — Ma famille

1 Entoure les phrases négatives.
Circle the negative sentences.

Je suis très intelligente.

Je n'habite pas en France.

C'est super!

Mon père n'est pas brun.

J'ai trois cousins.

Il ne parle pas français.

2a Lis la bulle et réponds aux questions.
Read Luc's speech bubble and answer the questions.

> Je suis grand.
> Je suis blond.
> J'ai les cheveux courts.
> J'ai les yeux bleus.
> Je suis sérieux.
> Ma sœur est petite. Elle est mince.
> Mon frère est sympa.
> Mon chien est marrant.

a Is Luc tall or short? _____

b What colour are his eyes? _____

c Is his sister well-built or slim? _____

d What is his brother like? _____

e What is his dog like? _____

2b Écris le contraire pour Paul.
Paul is the opposite to Luc. Make the above sentences negative and write them in Paul's speech bubble.

> Je ne suis pas grand.

2 Grammaire — Ma famille

Flashback

un cousin → **mon** cousin   une cousine → **ma** cousine
des cousins/des cousines → **mes** cousins/**mes** cousines

1 Complète.
Write **mon**, **ma** or **mes** in the gaps to complete the sentences.

Exemple   _Ma_ cousine s'appelle Claire.

a C'est _____ père.
b C'est _____ mère.
c _____ parents sont à Dieppe.
d _____ sœur s'appelle Sandrine.
e J'habite avec _____ grands-parents.
f _____ cousin a dix-huit ans.
g C'est _____ oncle et ça, c'est _____ tante.
h _____ frère s'appelle Karim.
i _____ grand-mère est sympa.

2 Écris. Write five sentences for Sophie.
Exemple   Mon père s'appelle Daniel.

Marie Martine Juliette Sophie Thierry Paul Daniel

a Mon oncle s'appelle _____
b Ma mère _____
c Ma grand-mère _____
d _____
e _____

2 Méli-mélo — Ma famille

1 Masculin ou féminin?
Are these adjectives masculine or feminine?
a Write the masculine words alongside Boris.
b Write the feminine words alongside Perrine.

> intelligente   sérieux
> marrant   travailleur
> courageuse   patiente
> patient   marrante

Boris le bouledogue

Perrine la perruche

2a Écris les phrases dans le bon ordre.
Write out these sentences in the correct order.
Exemple un Tu as intelligent? frère
Tu as un frère intelligent?

a frère blonds. Mon les cheveux a
_____

b yeux a bleus. Alex les
_____

c marrant. chien un J'ai
_____

d une timide. Ce pas fille n'est
_____

2b Traduis les phrases a–d en anglais.
Translate the sentences you wrote into English.

a _____
b _____
c _____
d _____

20 vingt

2 Vocabulaire — Ma famille

Tu as des frères et sœurs?	*Have you got any brothers and sisters?*
J'ai un frère/un demi-frère.	*I've got a brother/a half-brother.*
J'ai une sœur/une demi-sœur.	*I've got a sister/a half-sister.*
J'ai deux frères/sœurs.	*I've got two brothers/sisters.*
Je n'ai pas de frères et sœurs.	*I haven't got any brothers or sisters.*
Je suis fille unique.	*I'm an only child. (girl)*
Je suis fils unique.	*I'm an only child. (boy)*
Elle s'appelle (Anne).	*Her name's (Anne).*
Il s'appelle (Nicolas).	*His name's (Nicolas).*
Elle a (neuf) ans.	*She's (nine) years old.*
Il a (quinze) ans.	*He's (fifteen) years old.*
C'est …	*This is …*
mon père	*my father*
mon beau-père	*my step-father*
ma mère	*my mother*
ma belle-mère	*my step-mother*
mon frère	*my brother*
mon demi-frère	*my half-brother*
ma sœur	*my sister*
ma demi-sœur	*my half-sister*
mon grand-père	*my grandfather*
ma grand-mère	*my grandmother*
mon cousin	*my cousin (boy)*
ma cousine	*my cousin (girl)*
mon oncle	*my uncle*
ma tante	*my aunt*
Ce sont …	*These are …*
mes parents	*my parents*
mes beaux-parents	*my step-parents*
mes grands-parents	*my grandparents*
Je suis …	*I am …*
Tu es …	*You are …*
Il est … /Elle est …	*He is …/She is …*
sympa	*nice*
intelligent/intelligente	*intelligent*
patient/patiente	*patient*
marrant/marrante	*funny*
calme	*quiet*
sérieux/sérieuse	*sensible*
courageux/courageuse	*brave*
travailleur/travailleuse	*hard-working*
généreux/généreuse	*generous*
Tu es comment?	*What do you look like?*
Je suis/Il est … (assez/très) grand/petit/gros/mince.	*I am/He is … (quite/very) tall/short/well-built/slim.*
Je suis/Elle est … (assez/très) grande/petite/grosse/mince.	*I am/She is … (quite/very) tall/short/well-built/slim.*
Tes/Ses cheveux sont comment?	*What is your/his/her hair like?*
Je suis/Il est … blond/brun/roux.	*I've got/He has … blond/brown/ginger hair.*
Je suis/Elle est … blonde/brune/rousse.	*I've got/She has … blond/brown/ginger hair.*
J'ai les cheveux longs.	*I've got long hair.*
Tu as les cheveux courts.	*You've got short hair.*
Il a les cheveux frisés.	*He's got curly hair.*
Elle a les cheveux raides.	*She's got straight hair.*
Tes/Ses yeux sont comment?	*What colour eyes have you/has he/she got?*
J'ai les yeux bleus.	*I've got blue eyes.*
Il a/Elle a … les yeux marron.	*He's got/She's got … brown eyes.*
les yeux verts.	*green eyes.*
les yeux gris.	*grey eyes.*
quarante	*forty*
cinquante	*fifty*
soixante	*sixty*

vingt et un 21

2 Podium *checklist* — Ma famille

See page 12 of this book for advice on using the checklist.

Learning objectives	Check	Prove it!
I can ask someone if they have any brothers or sisters.	☐ ☐	*Get partner to test you.*
I can say if I have any brothers or sisters.	☐ ☐	*Get partner to test you.*
I can say and write the names of six family members.	☐ ☐	*Write them down and say aloud to a partner.*
I can give their names.	☐ ☐	*Get partner to test you.*
I can give their ages.	☐ ☐	*Get partner to test you.*
I can ask and say who someone is.	☐ ☐	*Get partner to test you.*
I can describe my personality.	☐ ☐	*Get partner to test you.*
I can describe someone else's personality.	☐ ☐	*Get partner to test you.*
I can say what colour my eyes are.	☐ ☐	*Get partner to test you.*
I can say what colour someone else's eyes are.	☐ ☐	*Get partner to test you.*
I can say what colour hair I have.	☐ ☐	*Get partner to test you.*
I can describe my hairstyle.	☐ ☐	*Get partner to test you.*
I can describe someone else's hair.	☐ ☐	*Get partner to test you.*
I can describe my physical appearance.	☐ ☐	*Get partner to test you.*
I can describe someone else's appearance.	☐ ☐	*Get partner to test you.*
I can ask someone what they are like.	☐ ☐	*Get partner to test you.*
I can count up to 69.	☐ ☐	*Get partner to test you.*
I can adapt a text to give my own details.	☐ ☐	*Adapt Arnaud's text on page 28 of the Students' Book.*
I can recognize and use French accents.	☐ ☐	*Without looking at your book, write the missing accents on the following:* frere, age, decembre, ca, ou?
I can give three different words for 'my' and explain why there are three.	☐ ☐	*Get partner to test you.*
I know how to make adjectival agreements.	☐ ☐	*Without looking at your book, match the adjectives* marrant, marrante *and* marrants *with these nouns:* une vidéo, des cousins, un frère.
I know some high frequency words and understand their importance.	☐ ☐	*Choose which three of the following are high-frequency, give their meaning and use them in a sentence:* et, le, CD, rat, est, surfer.
I can use a glossary.	☐ ☐	*Look at the back of the Students' Book to see if these words are masculine or feminine:* salade, baguette, ordinateur, cinéma.
I can put adjectives in the right place in a sentence.	☐ ☐	*Rewrite this sentence including the adjectives* courts *and* bleus: J'ai les cheveux et les yeux.
I can form a simple negative sentence.	☐ ☐	*Make these sentences negative:* Elle est petite. Il a 12 ans. J'ai deux frères.
I know that the same sound can be spelt in different ways.	☐ ☐	*Find two different spellings for the same sound in this phrase:* des chiens chez moi.
I can pronounce words accurately.	☐ ☐	*Read this sentence aloud:* Le garçon a deux sœurs et un frère.

2 Pour écrire — Ma famille

3.1 Les affaires d'école — Au collège

1a Recopie et souligne …

… les mots masculins: ~~~~~~
… les mots féminins: ———
… les mots au pluriel: ═══

Copy the words below under the pictures and underline them according to whether they are masculine, feminine or plural.

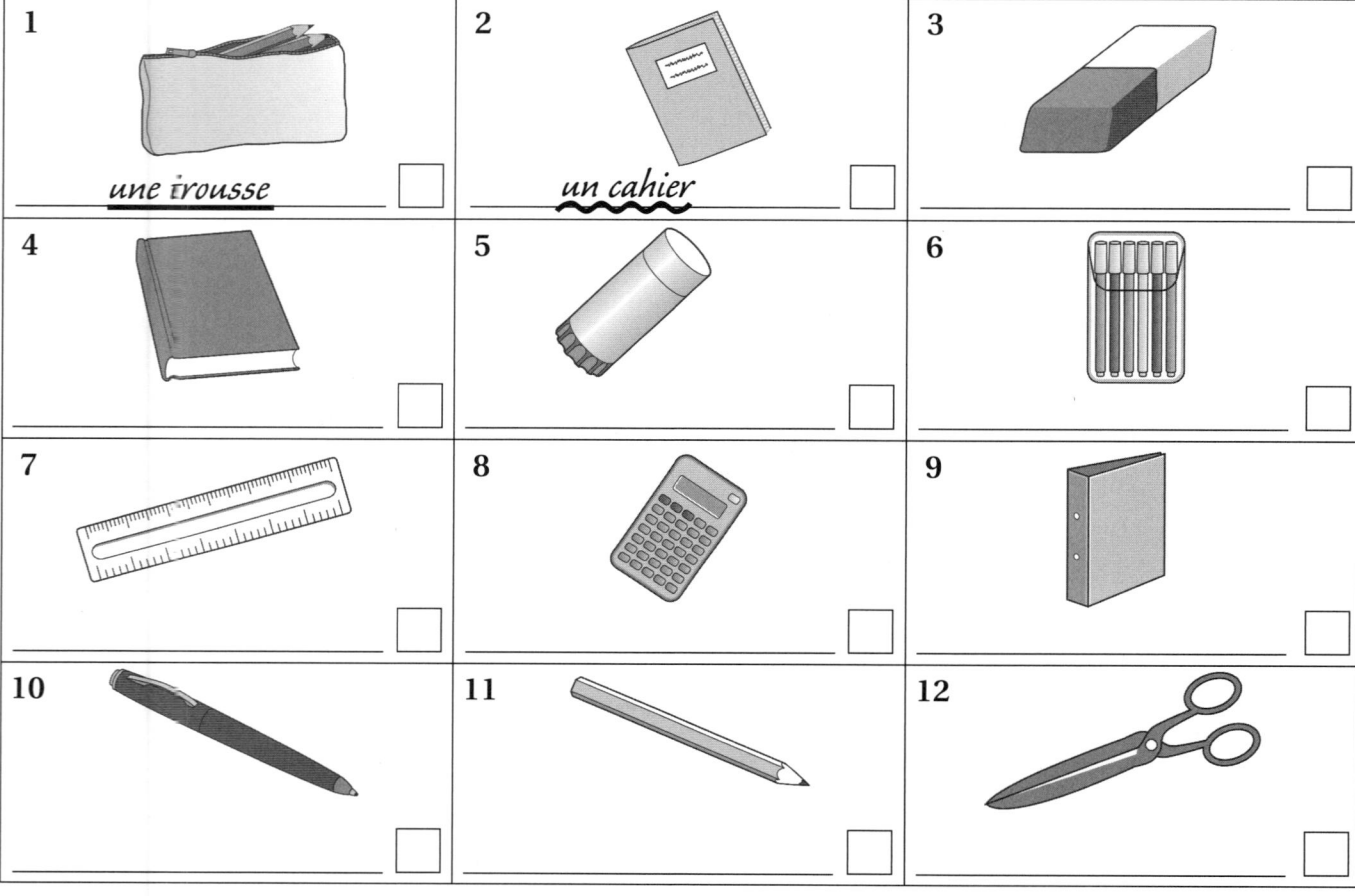

1. une trousse
2. un cahier
3.
4.
5.
6.
7.
8.
9.
10.
11.
12.

un bâton de colle	un cahier	une calculatrice	des ciseaux
un classeur	un crayon	des feutres	une gomme
un livre	une règle	un stylo	une trousse ✓

1b Coche les objets:
j'ai = ✓ ;
je n'ai pas = ✗
Tick what you have (✓) or don't have (✗) in the boxes.

1c Écris des phrases à la page 33.
Write sentences on page 33.
Exemple J'ai une trousse.
Je n'ai pas de cahier.

3.2 J'aime le français — Au collège

1 Complète la grille avec les mots de la boîte.
Fill in the grid with the words in the box.

histoire ✓	musique
sport	géographie
maths	dessin
anglais	informatique
français	espagnol
physique	biologie

2 Complète le message avec les lettres des cases grises.
Complete the message with the letters in the grey squares.

 J'aime l'histoire.

 Je n'aime pas l'_____ .

3 Et toi? Tu aimes ou tu n'aimes pas quelle(s) matière(s)?
Which subject(s) do you like? Which do you dislike?

 J'aime _____ .

 Je n'aime pas _____ .

3.3 Il est quelle heure? — Au collège

1 Coche la bonne heure.
Tick the correct time.

1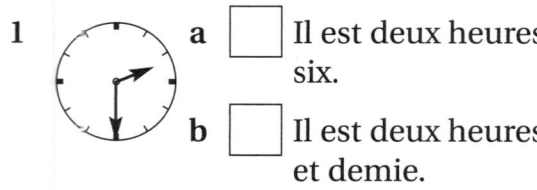
  a ☐ Il est deux heures six.
  b ☐ Il est deux heures et demie.

2
  a ☐ Il est cinq heures moins le quart.
  b ☐ Il est neuf heures vingt-cinq.

3
  a ☐ Il est trois heures trois.
  b ☐ Il est trois heures et quart.

4
  a ☐ Il est dix heures moins vingt-cinq.
  b ☐ Il est neuf heures vingt-cinq.

2 Dessine la bonne heure.
Draw the correct time on the clocks.

a 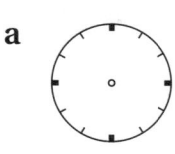 Il est deux heures moins dix.

b 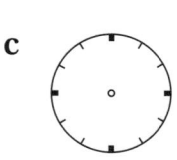 Il est quatre heures et quart.

c 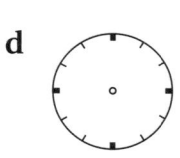 Il est onze heures et demie.

d Il est cinq heures moins le quart.

3 Écris la bonne heure.
Write the correct time.

a 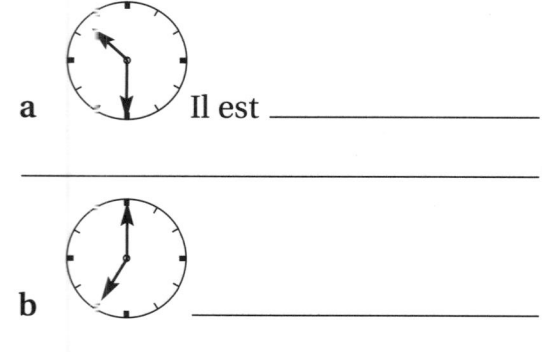 Il est _____

b _____

c 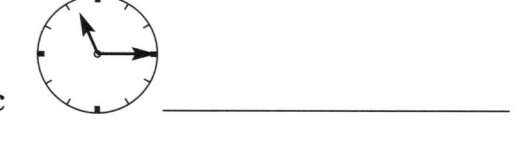 _____

d _____

26 *vingt-six*

3.4 Mon emploi du temps — Au collège

1a Complète.
Fill in the gaps to make sentences.

			vrai	faux

1    ✔ ☐

Exemple Le *lundi*, à *9 heures*, j'ai *anglais*.

2  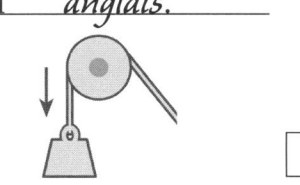  ☐ ☐

Le _____, à _____, j'ai _____.

3   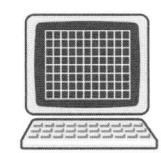  ☐ ☐

Le _____, à _____, j'ai _____.

4     ☐ ☐

Le _____, à _____, j'ai _____.

5     ☐ ☐

Le _____, à _____, j'ai _____.

6  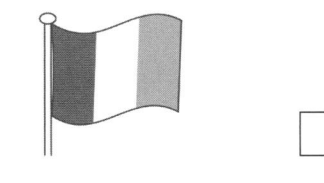  ☐ ☐

Le _____, à _____, j'ai _____.

1b Regarde l'emploi du temps à la page 50 d'Équipe nouvelle 1. Vrai (✔) ou faux (✘)?
Look at the timetable on page 50 of Équipe nouvelle 1. Tick or cross the boxes.

3.5 Les verbes au présent — Au collège

1 Relie les personnes et les bons pronoms.
Draw a line between the people and the correct pronouns.

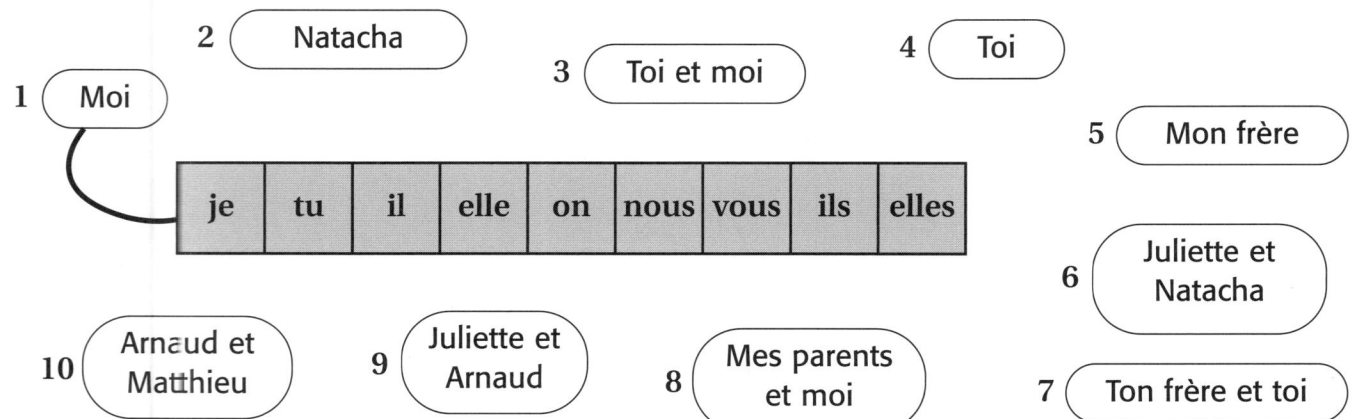

2 Complète les verbes.
Fill in the verb endings.

> **Flashback**
>
> The present tense endings of **-er** verbs such as **aimer**, **parler**, **écouter** change with the subject (the person doing the action of the verb).
>
> je/j' **–e**   nous **–ons**
> tu **–es**   vous **–ez**
> il/elle/on **–e** ils/elles **–ent**

Exemple

Charlotte aim _e_ l'anglais.

Elle écout____ bien en cours d'anglais.

«Tu parl____ bien anglais, Charlotte!»

«J'aim____ le prof d'anglais!!!»

Ils n'écout____ pas bien en cours d'anglais.

3 Grammaire — Au collège

> **Flashback**
>
> **avoir** *to have*
> j'ai — nous avons
> tu as — vous avez
> il a — ils ont
> elle a — elles ont
> on a

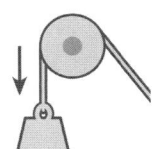

1 Complète les phrases avec le verbe *avoir*.
Fill in the correct form of **avoir** *in the sentences.*

a Juliette _____ sciences à 2 h 30.
b Mes deux sœurs _____ un sac noir.
c À 9 h, j'_____ français, ma matière préférée.
d Est-ce qu'on _____ maths ce matin?
e Nous _____ histoire le vendredi.
f Qu'est-ce que vous _____ à dix heures?
g Mon copain Ali _____ allemand le jeudi.
h Tu _____ ton classeur de maths, toi?
i Matthieu et Arnaud _____ français.

> **Flashback**
>
> **être** *to be*
> je suis — nous sommes
> tu es — vous êtes
> il est — ils sont
> elle est — elles sont
> on est

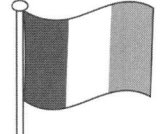

2 Complète les phrases avec le verbe *être*.
Fill in the correct form of **être** *in the sentences.*

a Je _____ en sixième, au collège Marcel Proust.
b Ici, les profs _____ très sympa.
c Ma prof de maths _____ géniale!
d La biologie et la géo _____ mes matières préférées.
e Mon sac _____ lourd.
f Ma calculatrice et mon dictionnaire _____ toujours dans mon sac!
g Et toi, tu _____ dans quel collège?
h Vous _____ beaucoup d'élèves dans votre collège?
i Nous, à Marcel Proust, nous _____ 1200 élèves.

3 Méli-mélo — Au collège

1a Entoure le verbe *avoir* en rouge et le verbe *être* en bleu.
Circle the forms of avoir in red and the forms of être in blue.

Chère Hélène

SOS! Je m'appelle Sophie et j'ai 13 ans. J'ai un problème: j'aime deux garçons! Ils sont très différents.

L'un s'appelle Sébastien. Il a 15 ans. Il est super: il est grand, mince, brun et il a les yeux bleus! Je suis copine avec ses sœurs — elles ont 13 ans et elles sont dans ma classe. Seb est très marrant, mais il n'est pas très sérieux. Il n'est pas très travailleur! On est fans de basket.

Julien a 14 ans. Il est petit et mince. Il est blond et il a les cheveux courts et frisés. Il est très intelligent, calme et sérieux, mais il n'est pas très sportif. On travaille bien ensemble au collège.

Chère Hélène, tu as une réponse pour moi? Tu es super sympa!

1b Fais une liste des autres verbes.
List the other verbs used in the text.

_____

2 Écris le contraire.
Make up sentences saying the opposite.

Exemple   J'aime les maths.   *Je n'aime pas les maths!*

a   Juliette est très sympa.   _____
b   Nous habitons à Dieppe.   _____
c   Ils parlent bien anglais.   _____
d   Tu es sportif!   _____
e   Vous avez des livres.   _____
f   Les profs sont très patients. _____

30 trente

3 Vocabulaire — Au collège

Les objets	**Classroom objects**
un bâton de colle	a glue stick
un bic	a biro/ball-point pen
un cahier	an exercise book
une calculatrice	a calculator
des ciseaux	scissors
un classeur	a file
un crayon	a pencil
un dictionnaire	a dictionary
des feutres	felt-tip pens
une gomme	a rubber
un livre	a book
une règle	a ruler
un stylo	a pen
un taille-crayon	a pencil sharpener
une trousse	a pencil case

Les matières	**School subjects**
l'allemand	German
l'anglais	English
l'art dramatique	drama
la biologie	biology
la chimie	chemistry
le dessin	art
l'espagnol	Spanish
le français	French
la géographie	geography
l'histoire	history
l'informatique	ICT
les maths	maths
la musique	music
la physique	physics
la religion	RE
les sciences	science
le sport/l'EPS	PE

Qu'est-ce que tu aimes au collège?	What do you like at school?
J'aime …	I like …
Je n'aime pas …	I don't like …

Les opinions	**Opinions**
C'est …	It's …
super	super
difficile	difficult
intéressant	interesting
nul	terrible
pas marrant	boring
fatigant	tiring
amusant	fun
génial	great

Il est quelle heure?	**What time is it?**
Il est …	It is …
une heure	one o'clock
une heure cinq	five past one
une heure dix	ten past one
une heure et quart	quarter past one
une heure vingt	twenty past one
une heure vingt-cinq	twenty five past one
une heure et demie	half past one
deux heures moins vingt-cinq	twenty five to two
deux heures moins vingt	twenty to two
deux heures moins le quart	quarter to two
deux heures moins dix	ten to two
deux heures moins cinq	five to two
Il est deux heures.	It is two o'clock.
J'ai dessin à deux heures.	I have art at two o'clock.

Les jours de la semaine	**Days of the week**
lundi	Monday
mardi	Tuesday
mercredi	Wednesday
jeudi	Thursday
vendredi	Friday
samedi	Saturday
dimanche	Sunday
le lundi	on Mondays

3 Podium *checklist* — Au collège

See page 12 of this book for advice on using the checklist.

Learning objectives	Check	Prove it!
I can ask someone what classroom objects they have.	☐ ☐	*Get partner to test you.*
I can say what classroom objects I have/don't have.	☐ ☐	*Get partner to test you.*
I can ask for classroom objects from my partner/teacher.	☐ ☐	*Get partner/teacher to test you.*
I can ask someone which subjects they like.	☐ ☐	*Get partner to test you.*
I can say which subjects I like and dislike.	☐ ☐	*Get partner to test you.*
I can give opinions.	☐ ☐	*Get partner to test you.*
I can ask and tell the time in French.	☐ ☐	*Get partner to test you.*
I can say the days of the week in French.	☐ ☐	*Get partner to test you.*
I can say when I have different subjects.	☐ ☐	*Get partner to test you.*
I can form simple French sentences.	☐ ☐	*Unjumble these two sentences:* deux chiens j'ai . marrante elle pas n'est .
I understand French pronouns.	☐ ☐	*What is the French for: I, you, he, she, it, we, they? Explain your answers to a partner.*
I can form the present tense in French of regular -er verbs.	☐ ☐	*How do you say: I speak, she speaks, Philippe and Antoine speak? Check your answers with a partner.*
I know the present tense of *avoir*.	☐ ☐	*Get partner to test you.*
I know the present tense of *être*.	☐ ☐	*Get partner to test you.*
I can pronounce the different sounds *je, j'ai, j'aime*.	☐ ☐	*Get partner to test you.*
I can use words and phrases I learn in the classroom.	☐ ☐	*List some words and phrases from Unit 3 and tick them when you use them.*
I can use different strategies to learn new words.	☐ ☐	*Tell your partner what you might do to learn new words.*
I know some ways to improve my listening skills.	☐ ☐	*Think of three things that will help you to get better marks for listening activities.*
I can read a handwritten French timetable.	☐ ☐	*Check the timetable on page 50 of the Students' Book again.*
I know some of the differences between French and British schools.	☐ ☐	*Tell your partner three differences.*
I can pronounce new words by using my knowledge of other French words.	☐ ☐	*Get partner to test you on your pronunciation of these words:* pollution, trousse, feutres, heure.

3 Pour écrire

Au collège

4.1 J'aime le sport! — Les passe-temps

1 Relie les symboles aux mots.
Match the symbols and the words.

1
2
3
4

a le cyclisme
b l'équitation
c la voile
d la natation
e le patinage
f le football
g le surf
h le skate

5
6
7
8

1	d
2	
3	
4	
5	
6	
7	
8	

2 Complète les réponses.
Fill in the answers.
Exemple Je fais *du surf.*

Flashback
de + la = **de la**
de + l' = **de l'**
de + le = **du**

Qu'est-ce que tu fais comme sport?

 1 Je fais _____ _____

2 Je fais _____ _____

 3 Je fais _____ _____

4 Je fais _____ _____

5 Je fais _____ _____

6 Je fais _____ _____

3 Et toi? Qu'est-ce que tu fais comme sport? Écris ta réponse à la page 43.
What sport do you do? Write your answer on page 43.

4.2 Qu'est-ce que tu aimes faire? — Les passe-temps

1 Relie et trouve six passe-temps.
Draw arrows to join the beginnings and ends of words. Write the six hobbies at the side.

a l'In — ternet — a *l'Internet*
b la télé — vision — b _____
c le cin — éma — c _____
d la pê — che — d _____
e la mus — ique — e _____
f la da — nse — f _____

2 Qui parle?
Who's speaking?

Exemple «J'aime le vélo. C'est super!»   *Étienne*

a «J'aime aller à la pêche! C'est génial!»   _____
b «Moi, j'aime la danse. Méga cool!»   _____
c «J'aime regarder la télévision. Et toi?»   _____

Céline   Luc   Étienne   Agnès

3 Et toi ? Écris trois phrases.
Write three things you like doing in your spare time.

a _____
b _____
c _____

4.3 Je vais en ville — Les passe-temps

1 Complète la légende.
Fill in the key to the map.

Légende	
la bibliothèque	5
le club des jeunes	
le café	
le parc	
le centre sportif	
la plage	
le cinéma	
la piscine	

2 Écris des phrases pour les personnes A–F.
Write a sentence for each person A–F.

Attention!
à + la = **à la**
à + le = **au**

A *Je vais au club des jeunes.*
B _____
C _____
D _____
E _____
F _____

4.4 C'est le week-end!   Les passe-temps

1 Complète la grille.
Fill in the grid.

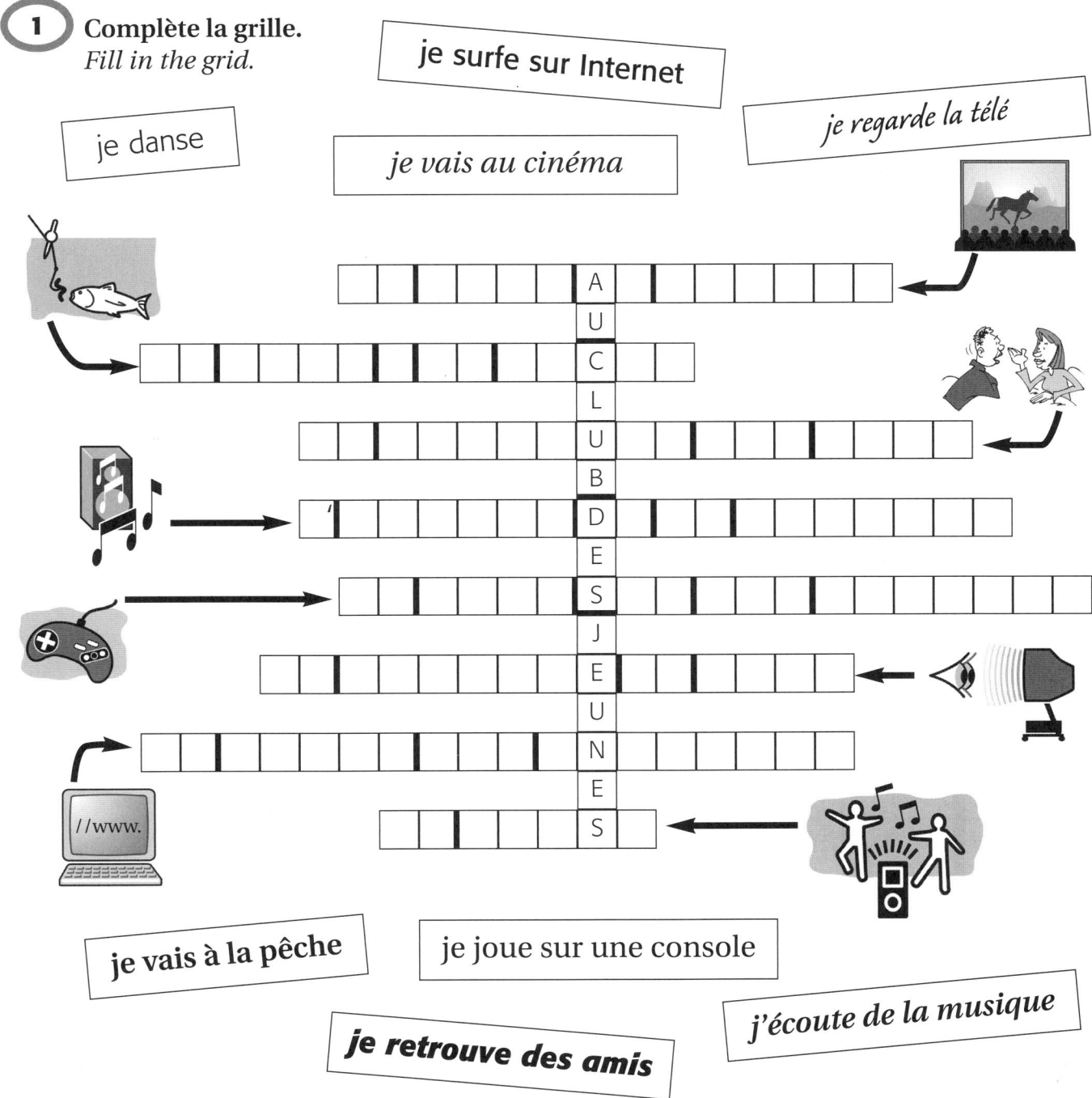

je surfe sur Internet
je danse
je regarde la télé
je vais au cinéma
je vais à la pêche
je joue sur une console
je retrouve des amis
j'écoute de la musique

2 Et toi?
Answer this question.

Qu'est-ce que tu fais le week-end?

Le week-end, je _____

4.5 Le week-end dernier — Les passe-temps

1 Relie.
Match the French sentences with their English equivalent.

a Je vais au café.
b Je suis allé au parc.
c J'écoute mes CD.
d J'ai écouté de la musique.
e J'ai regardé la télé.
f Je regarde un film.

1 I watched TV.
2 I go to the café.
3 I went to the park.
4 I listened to music.
5 I watch a film.
6 I listen to my CDs.

2 Complète le journal de Rachid.
Use the words in the box to fill in the gaps in Rachid's diary to show what he did last week.

| allé | regardé | écouté | joué |
| fait | dansé | retrouvé |

LUNDI
J'ai _____ sur ma console avec mon frère.

MARDI
J'ai _____ un match de foot à la télé.

MERCREDI
J'ai _____ de la musique. J'adore la musique pop.

JEUDI
J'ai _____ du sport au club des jeunes.

VENDREDI
J'ai _____ des amis à la piscine.

SAMEDI
Anniversaire de Karima. J'ai _____ à la boum. Méga cool!

DIMANCHE
Je suis _____ au cinéma avec mon père. C'était un film d'horreur!

4 Grammaire — Les passe-temps

Flashback

To say 'to the' in French, you say:
à la + *feminine place*   la piscine: **à la** piscine   **au** + *masculine place*   le parc: **au** parc

1 Écris une phrase sous chaque dessin.
Write a sentence under each picture.

Exemple Je vais *à la piscine.*

1

Je vais _____

3

_____

2

Je vais _____

4

_____

2 Écris cinq phrases avec les éléments de la grille.
Make up five sentences using words from each column in the grid.

Je regarde	sur une console		centre sportif
Je retrouve	du skate	à la	bibliothèque
Je fais	la télé	au	club des jeunes
	des amis		café
Je joue	du sport		plage

Exemple Je joue sur une console au club des jeunes.

1 _____
2 _____
3 _____
4 _____
5 _____

4 Méli-mélo — Les passe-temps

1 Lis les phrases de Charlie et réponds aux questions.
Read what Charlie says (a–h) and answer questions 1–4 in English.

1 Does Charlie go to the park?
_____

2 Does he go to the library?
_____

3 Does he mention meeting his friends?
_____

4 Does he mention going fishing?
_____

a Le samedi, c'est super!

b Je vais au parc.

c Je fais du skate.

d Je vais à la piscine.

e Je fais de la natation.

f Je vais à la plage.

g Je retrouve mes amis.

h Je fais du football.

Ce n'est pas super!
_____
_____
_____
_____
_____
_____
_____

2 Mets les phrases à la forme négative.
Charlie's had an accident. Make sentences a–h negative, to show what he can't do now.
Exemple Ce **n'**est **pas** super!
         Je **ne** fais **pas** de skate, etc.

4 Vocabulaire — Les passe-temps

Le sport / *Sport*

l'équitation	*horse riding*
le foot(ball)	*football*
la natation	*swimming*
le patinage	*ice skating*
le skate	*skateboarding*
le surf	*surfing*
le tennis	*tennis*
le vélo	*cycling*
la voile	*sailing*

Tu aimes la natation?	*Do you like swimming?*
Oui! Non!	*Yes! No!*
J'aime bien ça!	*I like it!*
J'adore ça!	*I love it!*
Je n'aime pas ça!	*I don't like it!*
Je déteste ça!	*I hate it!*
Bof! Ça va.	*It's OK.*

Les passe-temps / *Hobbies*

Qu'est-ce que tu aimes faire?	*What do you like doing?*
J'aime …	*I like …*
aller au cinéma	*going to the cinema*
retrouver des amis	*meeting friends*
aller à la pêche	*going fishing*
surfer sur Internet	*surfing on the Internet*
jouer sur une console	*playing on a games console*
écouter de la musique	*listening to music*
regarder la télé	*watching TV*
danser	*dancing*
faire du sport	*playing sport*

En ville / *Places in town*

la bibliothèque	*library*
le café	*café*
le centre sportif	*sports centre*
le cinéma	*cinema*
le club des jeunes	*youth club*
la crêperie	*pancake house*
le parc	*park*
la piscine	*swimming pool*
la plage	*beach*
la ville	*town*

Tu vas où?	*Where are you going?*
Je vais au parc.	*I'm going to the park.*
Je vais à la piscine.	*I'm going to the swimming pool.*

Qu'est-ce que tu fais le week-end? / *What do you do at the weekend?*

Le week-end, …	*At the weekend …*
je vais au cinéma	*I go to the cinema*
je danse	*I dance*
je regarde la télé	*I watch TV*
j'écoute de la musique	*I listen to music*
je joue sur une console	*I play on a games console*
je vais à la pêche	*I go fishing*
je surfe sur Internet	*I surf on the Internet*
je fais du sport	*I play sport*
je retrouve des amis	*I meet friends*

le samedi	*on Saturdays*
le dimanche	*on Sundays*
le soir	*in the evenings*
quelquefois	*sometimes*
le samedi après-midi	*on Saturday afternoons*
le dimanche matin	*on Sunday mornings*

Qu'est-ce que tu as fait le week-end dernier? / *What did you do last weekend?*

Le week-end dernier, …	*Last weekend …*
j'ai regardé la télé	*I watched TV*
j'ai dansé à la boum	*I danced at the party*
j'ai surfé sur Internet	*I surfed on the Internet*
j'ai joué sur une console	*I played on a games console*
j'ai fait du sport	*I played sport*
j'ai retrouvé des amis	*I met friends*
j'ai écouté de la musique	*I listened to music*
je suis allé(e) au cinéma	*I went to the cinema*

4 Podium *checklist* — Les passe-temps

See page 12 of this book for advice on using the checklist.

Learning objectives	Check	Prove it!
I can say which sports I do and don't do.	☐ ☐	*Get partner to test you.*
I can give opinions about different sports.	☐ ☐	*Get partner to ask you if you like the sports on page 58 of the Students' Book.*
I can talk about favourite hobbies.	☐ ☐	*Get partner to test you.*
I can say which places there are to visit in town.	☐ ☐	*Get partner to test you.*
I can say what I do at the weekend.	☐ ☐	*Get partner to test you.*
I can say what I did last weekend.	☐ ☐	*Get partner to test you.*
I can use *aimer* + noun and *aimer* + infinitive to talk about hobbies.	☐ ☐	*How do you say 'I like cycling' and 'I like going to the cinema' in French?*
I can say which places I visit in town.	☐ ☐	*How do you say 'I go to the cinema' and 'I go to the swimming pool' in French?*
I can form questions in the present tense.	☐ ☐	*Ask your partner three questions about hobbies.*
I can use the English–French section of the glossary.	☐ ☐	*Find the French for these words: strawberry, ice cream, jam!*
I can use the French–English section of the glossary.	☐ ☐	*Find the English for these words: goûter, déjeuner, dîner.*
I can use the verb tables to check the spelling of a part of the verb.	☐ ☐	*Check how to say in French: 'we do', 'you are', 'they eat'.*
I can use different strategies to improve my speaking.	☐ ☐	*Explain some of these to a partner.*
I can tell the difference between the present and the past tenses.	☐ ☐	*Explain to a partner.*
I can use the past tense in class.	☐ ☐	*Make a list of the phrases you might use in class.*

4 Pour écrire

Les passe-temps

5.1 J'ai soif! — Bon appétit!

le père Fantôme

la grand-mère Fantôme

la mère Fantôme

1 Vrai (✔) ou faux (✘)?
True or false? Tick or cross the boxes.

Exemple The father wants an orange juice. ✔

a The mother is thirsty. ☐
b The grandfather wants a coke. ☐
c The grandmother wants a cup of tea. ☐
d The father wants a lemonade. ☐
e The mother wants a glass of milk. ☐

le grand-père Fantôme

2 Demande les boissons.
Ask for these drinks. Write a sentence in each speech bubble.

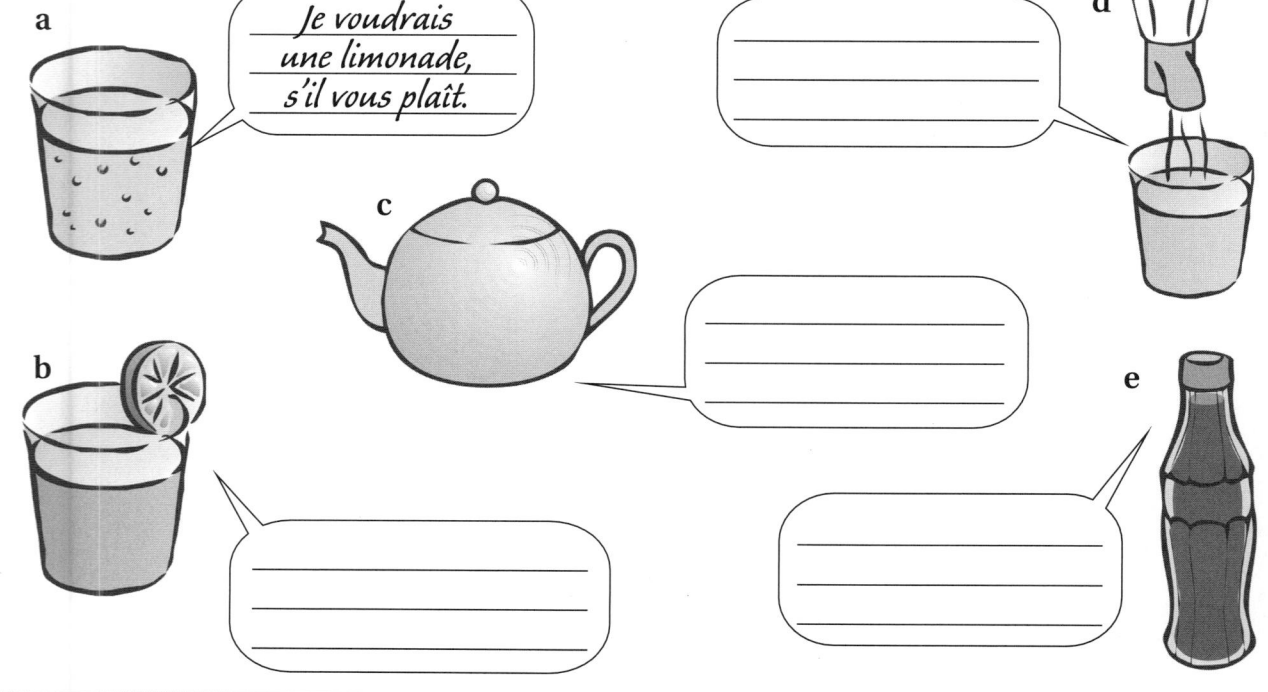

a Je voudrais une limonade, s'il vous plaît.

5.2 Quelque chose à manger — Bon appétit!

1 Écris les aliments.
Write in the names of the items of food and drink in the fridge.

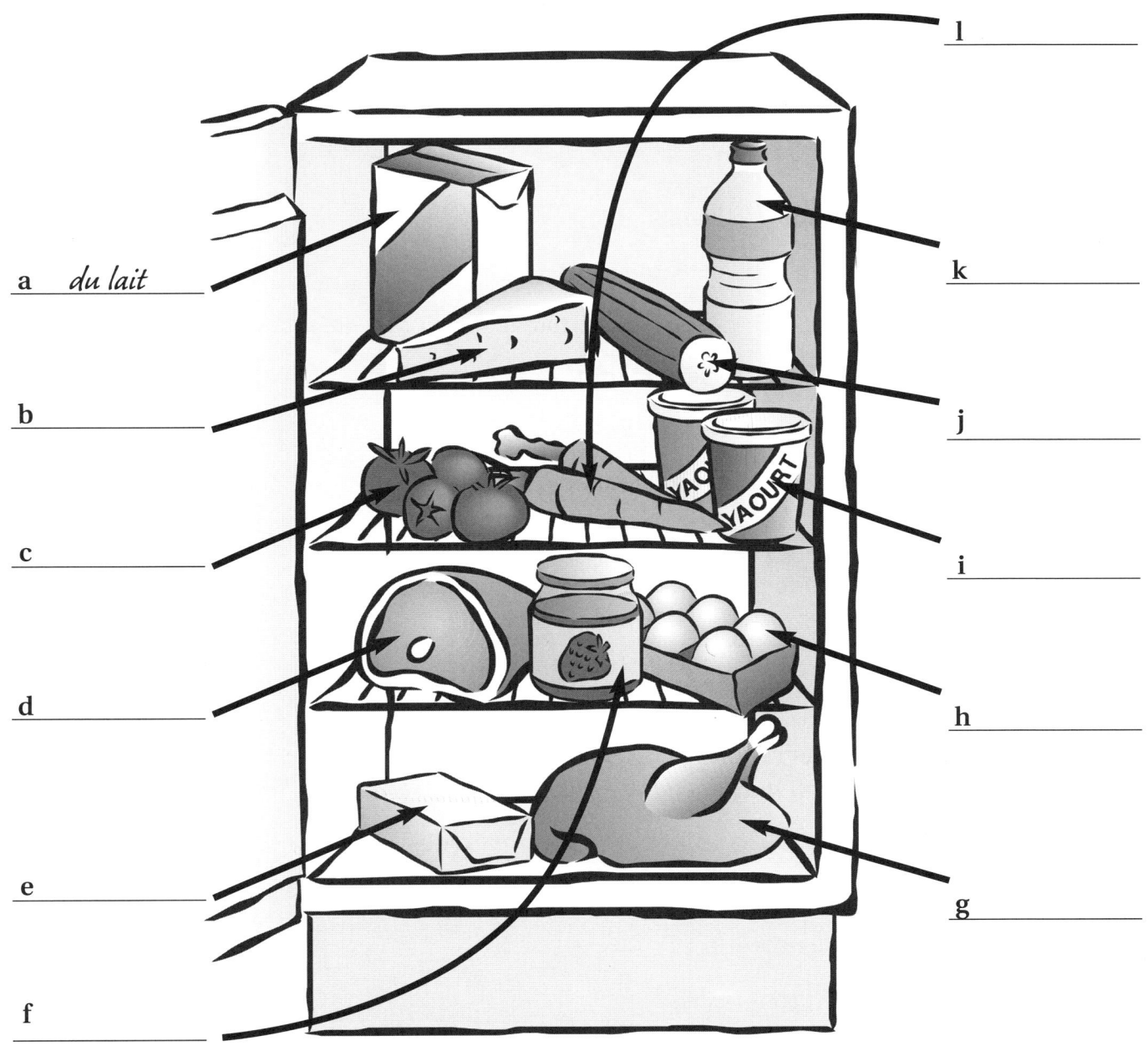

a   *du lait*
b   _____
c   _____
d   _____
e   _____
f   _____
g   _____
h   _____
i   _____
j   _____
k   _____
l   _____

du beurre	du poulet	du jambon	du fromage
du lait ✓	un concombre	de l'eau minérale	de la confiture
des tomates	des carottes	des œufs	des yaourts

2 Dessine un frigo à la page 53. Écris les aliments et les boissons.
Draw and colour in your own fridge on page 53.
Write in the names of the food and drink items.

quarante-cinq 45

5.3 Au café — Bon appétit!

1 Complète la conversation.
Use the words in the box to fill the gaps in the conversation.

| jus | vais | voudrais | manger | fraise | parfums |

Serveur Bonjour, madame. Vous désirez?

Cliente Bonjour. Je _____ un jus d'orange et un croissant, s'il vous plaît.

Serveur Désolé! Je n'ai pas de croissants.

Cliente Alors, je _____ manger une crêpe au chocolat, s'il vous plaît.

Serveur Très bien, madame. C'est tout?

Cliente Je voudrais aussi une glace. Vous avez quels _____?

Serveur J'ai des glaces à la vanille ou des glaces à la _____.

Cliente Je vais _____ une glace à la vanille, s'il vous plaît.

Serveur Très bien. Alors, une glace et une crêpe.

Cliente Et un _____ d'orange.

Serveur Oui, madame, c'est noté.

2 Lis la conversation et réponds vrai ou faux.
Read the conversation and say if the English statements are true or false.

		true	false
a	The customer orders an orange juice.	☐	☐
b	There aren't any croissants.	☐	☐
c	She orders a sandwich instead.	☐	☐
d	She orders a strawberry ice-cream.	☐	☐

3a Avec un(e) partenaire, jouez la conversation.
Act out the conversation with a partner.

3b Essaie sans regarder le texte.
Your partner reads his/her part and you say your part from memory. Then swap roles.

5.4 Les repas — Bon appétit!

1) Relie.
Match the questions and answers.

Questions
1 Tu prends ton petit déjeuner à quelle heure?
2 Qu'est-ce que tu manges au petit déjeuner?
3 Qu'est-ce que tu bois?
4 Tu manges où à midi?
5 Le dîner est à quelle heure?
6 Tu aimes les desserts?

Réponses
a Je mange à la cantine du collège.
b Je mange des tartines.
c À huit heures.
d Je prends mon petit déjeuner à sept heures.
e Oui, j'adore ça!
f Je bois du thé.

1	d
2	
3	
4	
5	
6	

2) Vrai (✔) ou faux (✘)?
True or false? Look at the picture and then tick or cross the boxes.

a Marc prend son petit déjeuner. ✔
b Il prend son petit déjeuner à sept heures. ☐
c Il mange des tartines de confiture. ☐
d Il mange du poulet. ☐
e Il boit de l'eau minérale. ☐
f Il boit du thé. ☐

3) Et toi? Réponds aux questions 1–6 de l'activité 1.
Give your own answers to questions 1–6 in activity 1.

1 _____
2 _____
3 _____
4 _____
5 _____
6 _____

5.5 Ça coûte combien?

Bon appétit!

1 Relie et écris.
Choose the right description for each picture and write it in.

a  un kilo de tomates

b _____

c 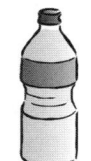 _____

d 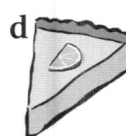 _____

e  _____

f 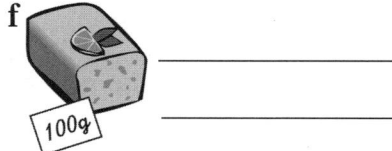 _____

| un paquet de biscuits | une bouteille d'eau minérale | 100 grammes de pâté |
| une boîte de thon | une part de tarte au citron | un kilo de tomates ✓ |

2 Vrai (✔) ou faux (✘)? *Look at the pictures and then tick or cross the boxes.*

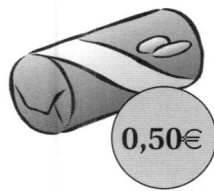 0,50€ 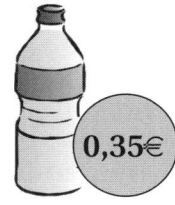 0,35€ 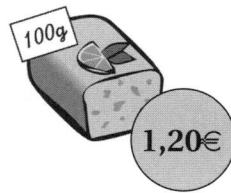 1,20€  1,75€  1,80€

a Une bouteille d'eau minérale coûte un euro cinquante. ☐
b Une part de pizza coûte un euro quarante. ☐
c 100 grammes de pâté coûtent un euro vingt. ☐
d Un paquet de biscuits coûte soixante centimes. ☐
e Un kilo de tomates coûte un euro soixante-quinze. ☐

3 Écris les prix. *Write the prices on the labels.*

a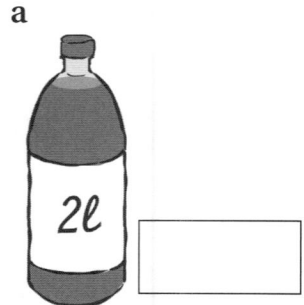

b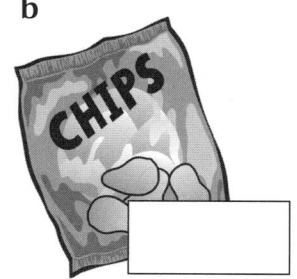

c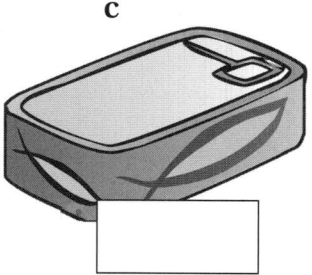

d

Une bouteille de coca coûte un euro quinze.

Un paquet de chips coûte quarante-neuf centimes.

Une boîte de sardines coûte quatre-vingt-dix centimes.

Un kilo de pommes coûte deux euros trente.

5 Grammaire — Bon appétit!

Flashback

The French word for 'some' or 'any' depends on the noun that follows:

	singular	plural
masculine words	**du***	**des**
feminine words	**de la***	**des**

But remember that in a negative sentence, 'some' or 'any' is always translated by **de**:
Il n'y a pas **de** poulet. Il n'y a pas **d'**eau minérale. Il n'y a pas **de** carottes.
* Use **de l'** (or **d'** after a negative) in front of a word beginning with a vowel or h.

1a Complète la liste des courses.
Write out the shopping list using **du**, **de la**, **de l'** or **des**.

le beurre   les carottes   le poulet

 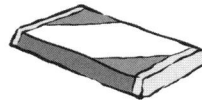 

les pommes   le chocolat   le lait

la confiture   les œufs   l'eau minérale

les tomates

1b Qu'est-ce qui manque?
Read the list above and look at the shopping basket. What is missing?
Exemple Il n'y a pas de beurre.

quarante-neuf **49**

5 Méli-mélo — Bon appétit!

1a Complète les phrases: *du*, *de la*, *des*?
Write in **du**, **de la** or **des** to complete these sentences.

a Je vais boire _____ thé.

b Il va manger _____ confiture.

c Je vais acheter _____ pommes.

d Je vais prendre _____ chips.

e Elle va prendre _____ lait avec le café.

f Je vais acheter _____ soupe.

1b Relie les phrases aux dessins.
Match sentences a–f with the pictures below.

1

4

2

5

3

6

5 Vocabulaire — Bon appétit!

Qu'est-ce que tu veux? *What would you like?*

Je voudrais … *I'd like …*
- un coca — *a coke*
- un jus d'orange — *an orange juice*
- une limonade — *a lemonade*
- un verre d'eau — *a glass of water*
- un diabolo-menthe — *a peppermint lemonade drink*
- un chocolat chaud — *a hot chocolate*
- un café — *a coffee*
- un milk-shake — *a milk-shake*
- un thé (au lait) — *a tea (with milk)*

s'il te plaît/s'il vous plaît — *please*
merci — *thank you (or no thank you)*

On mange … *We/You/They eat …*
- du fromage — *cheese*
- des tomates — *tomatoes*
- du jambon — *ham*
- du beurre — *butter*
- du poulet — *chicken*
- des œufs — *eggs*
- de la confiture — *jam*
- des carottes — *carrots*
- un gâteau — *a cake*
- un concombre — *a cucumber*

On boit … *We/You/They drink …*
- du lait — *milk*
- de l'eau minérale — *mineral water*

Je vais prendre … *I'm going to have …*
- un croissant — *a croissant*
- une pizza — *a pizza*
- un pain au chocolat — *a chocolate puff pastry*
- une glace à la vanille/au chocolat/à la fraise — *a vanilla/chocolate/strawberry ice-cream*
- un croque-monsieur — *a French-style toasted cheese and ham sandwich*
- un sandwich au fromage/jambon — *a cheese/ham sandwich*
- une crêpe au chocolat — *a chocolate pancake*

Les repas *Meals*

Le matin, au petit déjeuner, je mange des tartines. — *In the morning, for breakfast, I eat bread and butter.*
À midi, au déjeuner, je prends du poulet. — *At midday, for lunch, I have chicken.*
L'après-midi, au goûter, je mange du pain. — *In the afternoon, for a snack, I eat bread.*
À quatre heures, on boit du coca. — *At 4 o'clock, we drink coke.*
Le soir, au dîner, on prend de la soupe. — *In the evening, for dinner, we/they have soup.*

J'achète … *I'm buying …*
- un paquet de biscuits/de sucre/de chips — *a packet of biscuits/sugar/crisps*
- une bouteille d'eau minérale/de limonade/de coca — *a bottle of mineral water/of lemonade/of coke*
- deux tranches de jambon — *two slices of ham*
- une boîte de thon/de petits pois/de sardines — *a tin of tuna/of peas/of sardines*
- 100 grammes de fromage/de pâté — *100 grams of cheese/of pâté*
- un kilo de tomates/de pommes/de carottes — *a kilo of tomatoes/of apples/of carrots*
- une part de pizza/de tarte au citron — *a slice of pizza/of lemon tart*

Qu'est-ce qu'il y a? *What is there?*

Il y a du fromage. — *There is some cheese.*
Il n'y a pas de fromage. — *There isn't any cheese.*
Il y a de la confiture. — *There is some jam.*
Il n'y a pas de confiture. — *There isn't any jam.*
Il y a des biscuits. — *There are some biscuits.*
Il n'y a pas de biscuits. — *There aren't any biscuits.*

5 Podium *checklist* — Bon appétit!

See page 12 of this book for advice on using the checklist.

Learning objectives	Check	Prove it!
I can say I am thirsty/what I would like to drink.	☐ ☐	*Get partner to test you.*
I can ask someone what they would like to drink.	☐ ☐	*Get partner to test you.*
I can say and write the names of nine drinks.	☐ ☐	*Write them down and say aloud to a partner.*
I can say please and thank you.	☐ ☐	*Get partner to test you.*
I can use *du, de la* and *des* to say I'd like some food.	☐ ☐	*Ask for some milk, some jam and some eggs. Get partner to test you.*
I can say and write the names of ten items of food.	☐ ☐	*Write them down and say aloud to a partner.*
I can order a snack in a café.	☐ ☐	*Get partner to test you.*
I can name four meals.	☐ ☐	*Get partner to test you.*
I can say what I eat and drink at different meals.	☐ ☐	*Get partner to test you.*
I can ask how much something costs.	☐ ☐	*Get partner to test you.*
I can say how much something costs in euros.	☐ ☐	*Get partner to test you.*
I can describe quantities of food and packaging.	☐ ☐	*Get partner to test you.*
I can use *aller* + infinitive to say what I am going to do.	☐ ☐	*Get partner to test you.*
I can count from 70–100.	☐ ☐	*Get partner to test you.*
I can pronounce correctly the sounds *ou* and *u*.	☐ ☐	*Say these words aloud:* couscous, moules, poulet, du pain, un jus de pomme.
I can say what type of sandwich I want.	☐ ☐	*Get partner to test you: ask for a cheese sandwich and two ham sandwiches.*
I can say what flavour ice-cream I want.	☐ ☐	*Ask for one vanilla, one strawberry and one chocolate ice-cream.*
I can say there isn't/aren't any of something.	☐ ☐	*Choose three of the following and say there isn't/aren't any:* chocolat, pommes, confiture, yaourts, salade.
I know a good way to record and remember vocabulary.	☐ ☐	*Explain to your partner.*
I know some things to check once I have done some French written work.	☐ ☐	*List these to your partner.*
I can improve my own oral and written work.	☐ ☐	*Explain to your partner.*

5 Pour écrire

Bon appétit!

6.1 Quel temps il fait chez toi? — Chez moi

1 Relie.
Match the sentences and the symbols.

1	2	3	4	5	6	7	8	9	10
c									

1 Il fait chaud.
2 Il y a du soleil.
3 Il fait froid.
4 Il fait gris.
5 Il y a du vent.
6 Il y a du brouillard.
7 Il y a de l'orage.
8 Il pleut.
9 Il neige.
10 Il gèle.

2 Regarde la carte. Complète le texte.
Look at the map and write the correct weather in each of the gaps in the text.

jeudi 28 octobre

Aujourd'hui, il y a du vent à Brest.

À Bordeaux, il ne fait pas beau: _____.

À Toulouse, il fait beau: _____.

À Marseille aussi, il fait beau, _____.

À Calais, _____ et

à Paris, _____.

C'est l'hiver déjà à Strasbourg,

où _____ !

À Lyon, c'est triste, _____.

54 cinquante-quatre

6.2 J'habite ici — Chez moi

1 Relie.
Match the symbols and the names.

1	2	3	4	5	6	7	8	9	10
j									

1 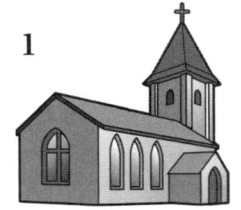 2  3  4 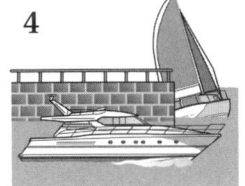 5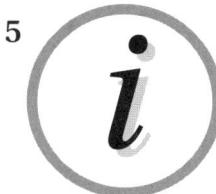

6  7  8  9  10

a	un château	d	une gare	f	un musée	i	une aire de
b	un cinéma	e	un office de	g	une piscine		jeux
c	un port		tourisme	h	une plage	j	une église ✓

2a Choisis quatre endroits (regarde 1–10) pour Superville.
Select four places (out of the 10 above) for the imaginary town, Superville.

1 _____   3 _____

2 _____   4 _____

2b Pose des questions à ton/ta partenaire pour deviner ses quatre endroits.
Ask your partner questions to find out which four places he/she chose.

Exemple   B   Est-ce qu'il y a une gare?
          A   Oui. Est-ce qu'il y a une église?
          B   Non.

2c À deux, complétez la légende du plan de Superville.
Choisis huit endroits maximum.
In pairs, fill in the key to the map of Superville, up to a maximum of eight places.

1 _____
2 _____
3 _____
4 _____
5 _____
6 _____
7 _____
8 _____

6.3 J'habite en ville — Chez moi

1 Relie. *Match each picture to the right caption.*

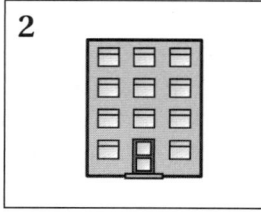

a une ferme	4
b un appartement	
c une maison	
d à la campagne	
e en ville	
f un camping-car	

2 Écris des phrases. *Follow the lines and write out the sentences.*
Exemple a Juliette habite dans un appartement à Dieppe.

a Juliette
b Son père
c Madame Martin
d Pascal
e Corinne
f Nicolas

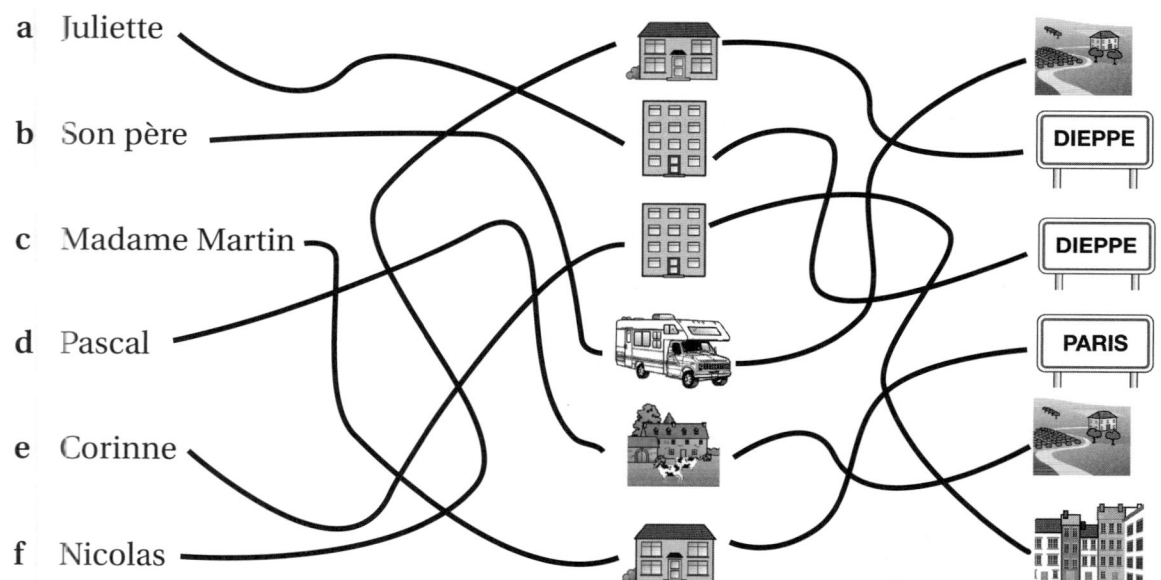

b _____
c _____
d _____
e _____
f _____

3 Et toi? Tu habites où? *Where do you live?*

J'habite _____

56 *cinquante-six*

6.4 Visite au château — Chez moi

1 Complète.
Interview your partner and fill in the questionnaire.
Exemple Tu habites une maison?
Chez toi, il y a une cuisine?

Questionnaire

Interviewer _____

Date _____

Personne interviewée _____

Adresse _____
_____

	oui	non
Maison	☐	☐
Appartement	☐	☐
Pièces:		
une cuisine	☐	☐
une salle à manger	☐	☐
un salon	☐	☐
une salle de bains	☐	☐
un bureau	☐	☐
combien de chambres?	1 ☐ 2 ☐ 3 ☐ 4+ ☐	
Jardin	☐	☐

2 Résume l'interview. Écris un paragraphe à la page 63.
Summarize the interview. Write a short paragraph on page 63.
Exemple Jamie habite 15 High Street. Il habite dans une maison.
Chez Jamie, il y a une cuisine, … Il n'y a pas de …

6.5 Ma chambre — Chez moi

1 Trouve dix objets dans la chambre de Charlotte.
Find ten objects from Charlotte's bedroom in the word square.

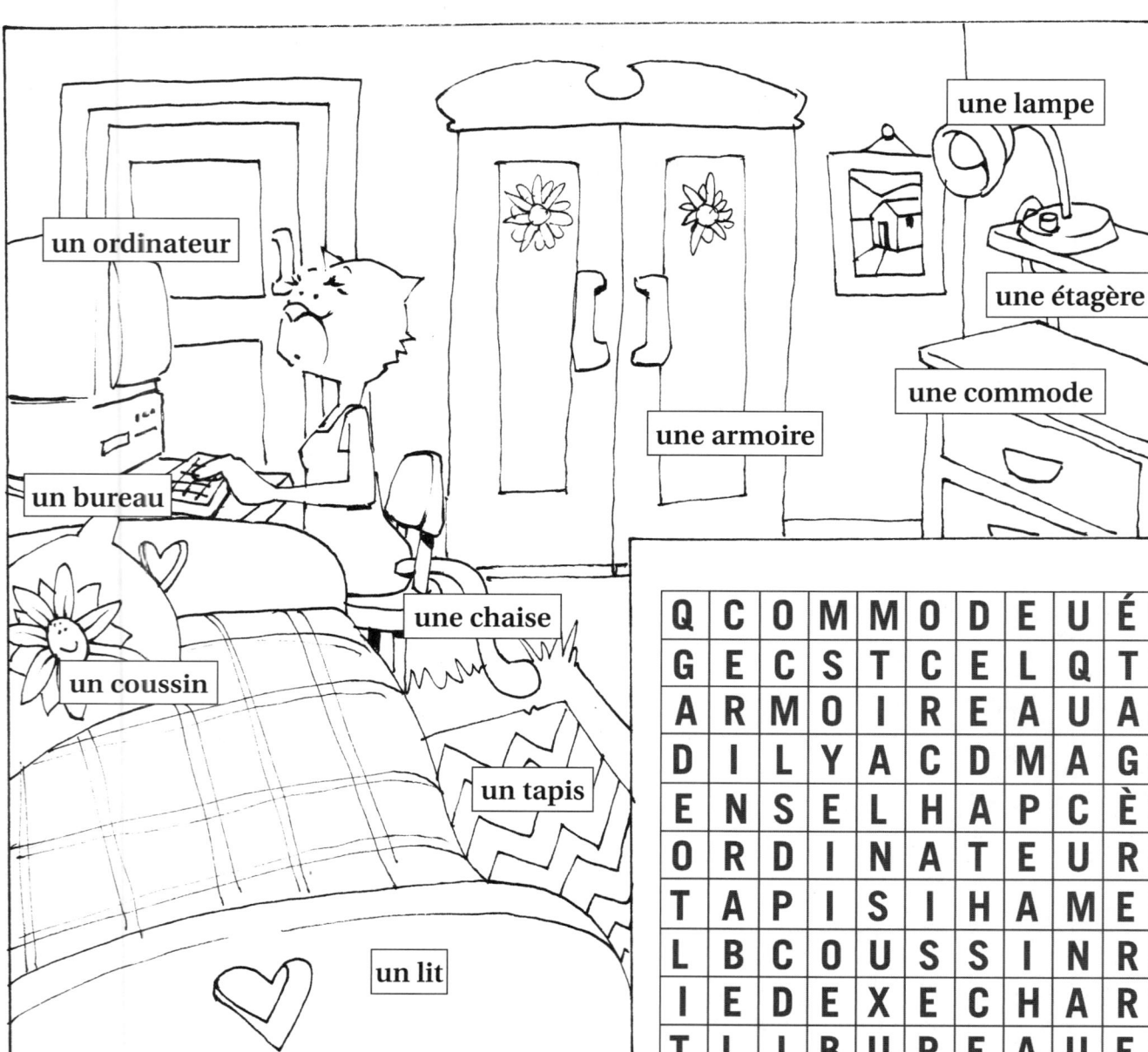

2 Et toi? Qu'est-ce que tu as dans ta chambre?
What do you have in your bedroom?

Dans ma chambre, j'ai _____

6 Grammaire — Chez moi

Flashback

In French, adjectives have special masculine and feminine endings to match the noun they are describing.
To make the feminine form:
- *most add -e to the masculine word:* grand = grand**e**
- *some change a lot:* beau = **belle**
- *some stay the same:* moderne = moderne

In the plural, most add an -s: petit**s**, petite**s**

1 Barre l'adjectif qui ne convient pas.
Cross out the wrong adjective.

a Ma maison est très **grande / grand**.
b Ma chambre est très **joli / jolie**.
c Le salon est très **beau / belle**.
d La cuisine est **grand / grande**.
e La salle de bains est **petite / petit**.
f Le château est **grande / grand**.

2 Complète avec les adjectifs de l'activité 1 à la bonne forme.
Complete the sentences using the correct form of adjectives from activity 1.

a J'habite dans un g _ _ _ _ appartement.
b Il est très b _ _ _.
c Le salon est p _ _ _ _, mais la salle à manger est très b _ _ _ _.
d Ma chambre est p _ _ _ _ _, mais j _ _ _ _.
e Il y a un j _ _ _ p _ _ _ _ jardin.
f La cave est très g _ _ _ _ _.

Flashback

- *Most adjectives go after the noun.*
  une cuisine moderne et agréable
- *Some go before:* petit, grand, joli, beau.
  une petite cuisine, un beau salon

3 Complète l'annonce avec les adjectifs.
Complete the ad using adjectives from the box.

| grand   petite   petites   grande   jolie |

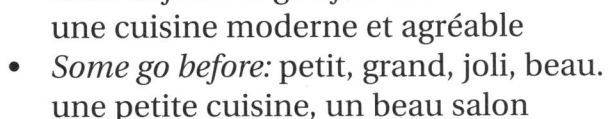

P_____ maison à vendre dans le centre-ville

Un g_____ salon, une j_____ cuisine-salle à manger, deux p_____ chambres et une g_____ salle de bains.

6 Méli-mélo — Chez moi

1 Regarde les symboles et complète la légende.
Look at the symbols and fill in the labels.

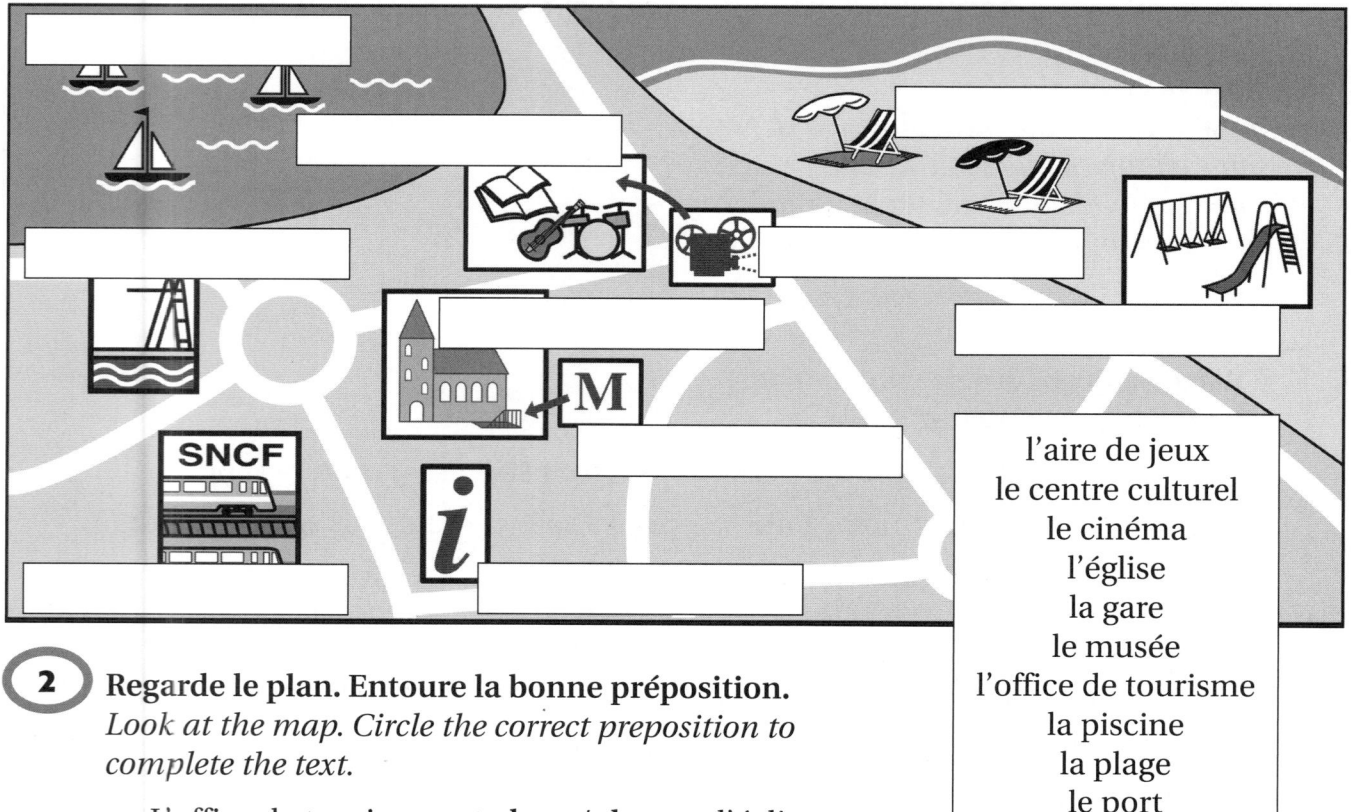

l'aire de jeux
le centre culturel
le cinéma
l'église
la gare
le musée
l'office de tourisme
la piscine
la plage
le port

2 Regarde le plan. Entoure la bonne préposition.
Look at the map. Circle the correct preposition to complete the text.

a L'office de tourisme est **dans** / **devant** l'église.

b Le musée est **sur** / **sous** l'église.

c La piscine est **entre** / **devant** la gare et le port.

d Le centre culturel est **devant** / **derrière** l'église.

e Le cinéma est **dans** / **sur** le centre culturel.

f Il y a une aire de jeux **sur** / **sous** la plage.

3 Relie les questions et les réponses.
Match the questions to the appropriate answers.

1 Où est ton village?   a Il est sous mon lit!
2 Où est ta chambre?   b Dans l'ouest de la France.
3 Comment est ta chambre?   c Elle est sur mon bureau.
4 Comment est ton bureau?   d Pas très grande, mais très confortable.
5 Où est ta lampe?   e Il est pratique et noir.
6 Où est ton cartable?   f Entre le salon et la chambre de mes parents.

6 Vocabulaire — Chez moi

Il fait quel temps?	**What's the weather like?**
il fait beau	the weather's nice
il fait chaud	it's hot
il y a du soleil	it's sunny
il ne fait pas beau	the weather's not nice
il fait gris	it's cloudy
il fait froid	it's cold
il y a du vent	it's windy
il y a du brouillard	it's foggy
il y a de l'orage	it's stormy
il pleut	it's raining
il neige	it's snowing
il gèle	it's freezing

C'est comment, chez toi?	**What is your place like?**
Il y a un/une/des …	There is/are …
Il n'y a pas de …	There isn't/aren't …
Qu'est-ce qu'il y a à …?	What is there in …?

une aire de jeux	a playground
une piscine	a swimming pool
un château	a chateau
un musée	a museum
un office de tourisme	a tourist office
un cinéma	a cinema
une église	a church
une plage	a beach
un port	a harbour
un centre culturel	a cultural centre
une gare SNCF	a railway station

un camping-car	a camper van
une ferme	a farm
une maison	a house
un immeuble	a block of flats
un appartement	a flat

au sous-sol	in the basement
au rez-de-chaussée	on the ground floor
au premier étage	on the first floor
au deuxième étage	on the second floor
au troisième étage	on the third floor

à la campagne	in the country
en ville	in town
en banlieue	in the suburbs
dans le centre-ville	in the town centre
dans un village	in a village
à Paris	in Paris
en France	in France
au Canada	in Canada

une cave	a cellar
un salon	a sitting room
une salle à manger	a dining room
une chambre	a bedroom
un bureau	a study
une cuisine	a kitchen
une salle de bains	a bathroom
des toilettes	a toilet
un jardin	a garden

un bureau	a desk
une lampe	a lamp
une chaise	a chair
des étagères (f)	shelves
un ordinateur	a computer
un tapis	a carpet
un coussin	a cushion
une armoire	a wardrobe
une commode	a chest of drawers
un lit	a bed

sur …	on …
sous …	under …
devant …	in front of …
derrière …	behind …
dans …	in …
entre … (et …)	between … (and …)

rose(s)	pink
rouge(s)	red
jaune(s)	yellow
bleu/bleue(s)	blue
vert/verte(s)	green
noir/noire(s)	black
blanc/blanche(s)	white

6 Podium *checklist* — Chez moi

See page 12 of this book for advice on using the checklist.

Learning objectives	Check	Prove it!
I can ask what the weather is like.	☐ ☐	*Get partner to test you.*
I can say and write ten expressions to describe the weather.	☐ ☐	*Write them down without looking at your book.*
I can understand and give a weather forecast.	☐ ☐	*Listen to partner and note down main points.*
I know four places in the world where French is spoken.	☐ ☐	*Write them down.*
I can say where I live using points of the compass.	☐ ☐	*Get partner to test you.*
I can describe the town/village where I live.	☐ ☐	*Get partner to test you.*
I can say what there is in my home town.	☐ ☐	*Get partner to test you.*
I can say and write five different types of location.	☐ ☐	*Write them down without looking at the book.*
I can say and write five different types of home.	☐ ☐	*Write them down without looking at the book.*
I can ask someone about where they live.	☐ ☐	*Get partner to test you.*
I can say and write the names of different rooms in my home.	☐ ☐	*Write them down without looking at the book.*
I can ask about the rooms in someone's house.	☐ ☐	*Get partner to test you.*
I can say and write the names of nine items of bedroom furniture.	☐ ☐	*Write them down without looking at the book.*
I can say and write nine adjectives of colour.	☐ ☐	*Write them down without looking at the book.*
I can say what colour things are.	☐ ☐	*Get partner to test you.*
I can say what I have or haven't got in my bedroom.	☐ ☐	*Get partner to test you.*
I can discuss with another person what they have (not) got in their room.	☐ ☐	*Get partner to test you.*
I can ask and say where things are, using six prepositions of place.	☐ ☐	*Get partner to test you.*
I can use French intonation to list things.	☐ ☐	*List to your partner at least five items in your bedroom.*
I can use liaisons correctly when speaking French.	☐ ☐	*Read out the sentences on page 91 of the Students' Book.*
I can use a checklist to evaluate and improve the quality of my written work.	☐ ☐	*List at least five strategies that you would use here.*

6 Pour écrire — Chez moi

équipe nouvelle 1

Équipe nouvelle 1 is the first stage of a revised edition of the acclaimed and popular course. Designed to provide a clear, fully-supported and flexible approach to teaching the Modern Languages Framework, this new edition should appeal to all learners.

Équipe nouvelle 1 Encore Workbook complements the Students' Book, providing additional support and language practice. It is ideal for homework and independent classroom study.

This Workbook provides:

- extra practice material for the key language and Framework objectives launched in each unit
- pages to consolidate key grammar points
- a vocabulary list for each unit
- unit checklists, for pupils to record their own progress.

Students' Book 1
Encore 1 Workbook
En plus 1 Workbook
Teacher's Book 1
Copymaster Book 1
Set of CDs 1
Set of cassettes 1
Flashcards (Parts 1–2)
OHT File 1
Students' ICT Pack 1
Teacher's ICT Pack 1

OXFORD UNIVERSITY PRESS

www.OxfordSecondary.co.uk

Orders and enquiries to Customer Services:
tel. 01536 452620   fax 01865 313472
schools.enquiries.uk@oup.com

ISBN 978-0-19-912451-0